Krypto-Währungen und Block Chain
Decentralized Autonomous Organisation

Kapitalisten durch Code ersetzen.
Die elegante Form der Bargeld-Abschaffung
Was genau sind Krypto-Währungen und Block Chain eigentlich?

Vorwort

Kapitalisten durch Code ersetzen.

Heinz Duthel

Krypto-Währungen und Block Chain
Kapitalisten durch Code ersetzen.
Die elegante Form der Bargeld-Abschaffung

Impressum

ISBN 9783743166080

Bibliografische Information der Deutschen Nationalbibliothek:
Die Deutsche Nationalbibliothek verzeichnet diese Publikation in der Deutschen Nationalbibliografie; detaillierte bibliografische Daten sind im Internet über http://dnb.dnb.de abrufbar.

© 2016 Name des Autors/Rechteinhabers **Heinz Duthel**

Illustration: **Heinz Duthel**
weitere Mitwirkende: **Landesverlag.de**

Herstellung und Verlag: BoD – Books on Demand, Norderstedt

ISBN: 978-3-7431-6608-0

Krypto-Währungen und Block Chain

Kapitalisten durch Code ersetzen.

Derzeit arbeiten mehrere Zentralbanken auf der ganzen Welt an der Einführung einer digitalen Form der jeweiligen Landeswährung. Bekannt ist, dass die Notenbanken der Eurozone, Großbritanniens, Schwedens, Singapurs und Kanadas an einer eigenen Kryptowährung arbeiten oder Pläne zu deren Realisierung prüfen. Wie Bloomberg berichtet, hat nun auch die dänische Zentralbank und die Regierung angekündigt, diesen Weg zu gehen.

Dem dänischen Regierungschef Lars Rohde zufolge führe eine elektronische Version der Landeswährung Krone zu tieferen Transaktionskosten und besseren Möglichkeiten der Überwachung als in der Form von Münzen und Scheinen. Die dänische Zentralbank spricht davon, dass die Nutzung von Bargeld doppelt so hohe Kosten verursachen würde wie eine Gesellschaft, die nur noch mit Karten bezahlt. Mit diesen Argumenten soll offenbar versucht werden, das längst beschlossene Ziel einer bargeldlosen Gesellschaft nachträglich zu legitimieren.

Die technische Umsetzung zur Einführung einer Digitalwährung, so Rohde, sei bereits beherrschbar. „Wir sind schon weit über diesen Punkt hinaus. Münzen und Scheine sind keine Alternative mehr zum elektronischen Bezahlen. Wir sind seit Jahren da schon viel weiter", wird er von Bloomberg zitiert. Rohde zufolge untersuche die Zentralbank gerade, ob die von ihr zu schaffende elektronische Währung „anonym sein soll oder nicht."

Mit Verweis auf den technologischen Fortschritt und angebliche Kosten- und Sicherheitsvorteile wird offenbar versucht, die Abschaffung oder Einschränkung von Bargeld zu rechtfertigen. Der Feldzug gegen das Bargeld ist mittlerweile zu einem weltweiten Phänomen geworden. Kürzlich erst hatte der indische Premierminister das überraschend eingeführte Verbot großer Geldscheine mit dem Ziel gerechtfertigt, eine bargeldlose Gesellschaft anzustreben. Bargeld erlaubt es den Bürgern jedoch, ihre Ersparnisse vor dem Zugriff der Banken und des Staates zu schützen.

Rohde gibt zu, dass die Überlegungen noch am Anfang stünden und dass die Einführung einer elektronischen Währung große Risiken beinhaltet. Die Zentralbank habe noch immer „mehr Fragen als Antworten". Zu diesen Fragen gehöre auch, ob die Zentralbank alle Zahlungen mit der elektronischen Krone überwachen solle. Eine totale Überwachung könne das Misstrauen der Bürger verstärken, sagt der Regierungschef. Auch die Rolle der Zentralbank müsse genau definiert werden, weil ihre Macht extrem zunehmen werde. „Alles Geld der Dänen wird im Fall einer Finanzkrise auf den Konten der Zentralbank liegen und wir werden indirekt einen Bailout machen müssen, weil wir zum Gläubiger aller anderen Banken werden."

Erst Bitcoin, dann die Welt

Vielleicht startet 2025 ein Auto nicht mehr, wenn eine Ratenzahlung verpasst wird: Möglich würde dies durch smarte, von gewaltigen Online-Datenbanken gestützte Kaufverträge. Hinter der Idee steckt das Blockchain-Prinzip. Es könnte auch die Marktmacht der Großkonzerne brechen.

Hohe Nachfrage in China: Bitcoin steigt wieder über 1.000 Dollar

Die Digitalwährung Bitcoin ist erstmals seit drei Jahren wieder mehr wert als 1000 Dollar. Der Kurs der virtuellen Währung legte in dieser Woche auf der Handelsplattform Bitstamp um 2,7 Prozent auf 1024,80 Dollar zu und ist damit nur noch rund 150 Punkte von seinem im November 2013 erreichten Rekordhoch entfernt. Seit Beginn 2016 hat sich der Wert eines Bitcoins mehr als verdoppelt.

Fachleute machen für die gestiegenen Bitcoin-Kurse vor allem eine stärkere Nachfrage aus China verantwortlich. Investoren versuchten mit Bitcoin-Käufen ihr Vermögen vor dem Wertverlust der Landeswährung Yuan zu schützen. Der Yuan verlor 2016 rund sieben Prozent – so viel wie seit über zwanzig Jahren nicht mehr.

Bitcoins sind eine rein virtuelle Währung, die an speziellen Börsen in reales Geld getauscht werden kann. Für die seit 2009 existierende Cyber-Währung steht keine Regierung oder Zentralbank ein. Alle zehn Minuten werden durch Computer 12,5 Bitcoins dem System zugeführt. Von der Cyber-Währung sollen inzwischen umgerechnet 16 Milliarden Dollar im Umlauf sein. Das entspricht etwa dem Börsenwert des im Dax gelisteten Immobilienkonzerns Vonovia.

Viele Experten trauen solch virtuellen Bezahlsystemen großes Zukunftspotenzial im Zahlungsverkehr zu. Bitcoin hat allerdings mit Betrugsfällen in der Vergangenheit für negative Schlagzeilen gesorgt und wird in Teilen der Öffentlichkeit kritisch gesehen. Derzeit arbeiten mehrere Zentralbanken, aber auch Großbanken wie die Schweizer UBS oder die Deutsche Bank, auf der ganzen Welt an der Einführung einer digitalen Form der jeweiligen Landeswährung.

Ein Blick auf den Alltag im Jahr 2025: Frau Nguyen hat Herrn Schott ihr Auto verkauft, er bezahlt in Raten. Weil sein Konto jedoch nicht gedeckt ist, fällt schon die zweite Teilzahlung aus. Als Schott das nächste Mal sein Fahrzeug öffnen möchte, verweigert es ihm den Einstieg - keine Rate, keine Nutzung.

Das Erstaunliche: Alles, was hier passiert, ist nicht nur im Kaufvertrag festgelegt - der (digitale) Vertrag selber führt die Aktionen aus, von der Abbuchung der Raten bis hin zur digitalen Sperrung des Autos. "Smart Contracts" nennt sich diese Vision, und wer an sie glaubt, ist sich sicher: Frau Nguyen und Herr Schott werden nicht die Einzigen sein, die sie zu spüren bekommen.

Die Idee dahinter formulierte bereits 1997 der Computerwissenschaftler und ehemalige Jura-Professor Nick Szabo, den einige für den Bitcoin-Erfinder Satoshi Nakamoto halten (er bestreitet dies). Die Kurzfassung: Bislang beruht die Einhaltung von Verträgen auf Vertrauen im Zusammenspiel mit Gesetzen, was aber nur auffällt, wenn es Streit um bestimmte Paragraphen gibt oder ein Partner vertragsbrüchig wird. Die Verträge der Zukunft, so Szabo, seien Software-basiert: Ein Algorithmus könne bestimmen, ob die Voraussetzungen für die Erfüllung vorliegen.

Unmanipulierbare Daten als Schlüssel zur Zukunft

Damit eine solche Software die Verträge ("Smart Contracts") wirklich ausführen kann, benötigt sie nachprüfbar korrekte Informationen und Zugang zu einer schier endlosen Zahl von Datenbanken. Beides war im Netz lange ein Problem: Dateien lassen sich in der Regel duplizieren und verändern, und nur ein Bruchteil der Online-Datenbanken tauscht miteinander Informationen aus. So kann ich mit PayPal zwar ein MP3-Album bezahlen; ob der Download funktioniert, kann der Bezahldienst allerdings nicht ermitteln.

Die Lösung dafür heißt Blockchain und ist auch das System hinter digitalen Krypto-Währungen wie Bitcoin (es existiert verwirrenderweise auch eine Firma gleichen Namens). Wer Kenner um eine Erklärung in wenigen Sätzen bittet, erhält meist einen fünfminütigen Vortrag. Kurz gesagt: Die Blockchain ist ein digitaler Kontoauszug für Transaktionen zwischen Computern, der jede Veränderung genau erfasst, sie dezentral und transparent auf viele Rechner verteilt speichert. Damit ist die Information nicht (oder nur mit ungeheurem Aufwand) manipulierbar und verifiziert.

Wenn aber eine digitale Information verifizierbar ist, benötigt sie theoretisch keine zentrale Instanz mehr, die sie verwaltet und für ihre Echtheit bürgt: Kein PayPal oder Finanzhaus für meine Online-Bezahlungen, kein Facebook für meine Identität oder die meiner Freunde.

Das Ende des Mittelmannes?

"Die Blockchain macht es überflüssig, einer zentralen Autorität zu vertrauen", sagt Stephan Tual von der Blockchain-Organisation Ethereum. "Etwas ist wahr, weil ich es nachprüfen kann - nicht, weil es jemand sagt." In der Theorie bedroht das auch viele Mittelmänner, weshalb sich die unbeliebtesten Mittelmänner der Welt gerade intensiv mit der neuen Technologie beschäftigen: Banken.

"Das System für den internationalen Geldtransfer hat sich seit fast fünf Jahrzehnten nicht verändert", sagt Stefan Thomas vom US-Startup Ripple, das dies über die Blockchain-Technik ändern möchte. An Überweisungen zwischen Ländern sind mehrere Banken beteiligt, die allesamt das Geld weiter transferieren, eigene Abläufe für die Abwicklung haben und ihre Dienste dem Kunden in Rechnung stellen. Bei Überweisungen im vierstelligen Bereich summiert sich das häufig auf dreistellige Euro-Beträge.

Künftig wäre eine solche Bankenkette unnötig, weil das Geld direkt von Konto zu Konto über die Blockchain-Instanz geschickt werden und die Prüfung automatisch über angedockte Software stattfinden könnte. "Die Kosten für eine Transaktion lassen sich so auf Bruchteile von Cent Beträgen senken", sagt Thomas. Statt einiger Tage wäre die Überweisung innerhalb von Sekunden auf einem Konto im Ausland. Mit Fidor experimentiert bereits ein erstes Geldhaus mit der neuen Technik, weitere Banken dürften 2015 folgen.

Wie die Tech-Branche am Blockchain-Netz bastelt

In Teilen der Bitcoin-Szene gelten Firmen wie Ripple als Verräter, weil sich das Startup damit von einer klassischen Krypto-Parallelwährung verabschiedet und die Blockchain als Architektur für Mainstream-Anwendungen nutzt. Der geldstarke Teil der Tech-Branche wiederum hält das genau für den richtigen Weg: Marc Andreessen, Dampfplauderer und Erfolgsinvestor, stellte die Technologie bereits in eine Reihe mit dem Aufstieg des PC und des Internets (und investierte in Blockchain-Startups wie Ripple, Coinbase oder Trade Block).

"Das zentralisierte Modell basiert auf einer 30 Jahre alten, gut gemeinten Architektur des Internets. Es hat ausgedient", sagt Stephan Tual von Ethereum, das wie Konkurrent Ripple an einer dezentralen Lösung für die Zukunft bastelt. März 2015 soll das Open-Source-Projekt online gehen: vor einiger Zeit sammelte das in einer Stiftung organisierte internationale Kollektiv zwölf bis 18 Millionen US-Dollar (je nach Tauschwert), als es Teile seiner Krypto-Währung verkaufte.

Was beiden Rivalen gemein ist: Sie wollen ein System bauen, dass der typischen Internet-Anwendung der Gegenwart sehr ähnlich ist. Zu Ethereum gehört ein Browser, für den Web-Anwendungen programmiert werden können. Ein Nutzer könnte die Software zum Beispiel automatisch Mini-Beträge an besuchte Seiten auszahlen lassen, um diese zu unterstützen.

Warum erlebte Bitcoin ein Horrorjahr?

2013 kostete ein Bitcoin noch 1000 Dollar, inzwischen ist er nur noch ein Drittel wert. Dabei war 2014 nicht einmal ein verschenktes Jahr für die Krypto-Währung: Mit PayPal öffnete sich ein wichtiger Finanzdienst für Bitcoin, Firmen wie Microsoft und Dell erlauben die Bezahlung in der neuen Währung. Die Zahl der Bitcoin-Konten hat sich auf 6,5 Millionen verfünffacht. Einzig: Ein Großteil der Digitalkonten ist leer, die

End-Anwender fremdeln mit dem Konzept. Das dämpft die Erwartungen, Spekulanten nahmen Gewinne mit. Die Zukunft der Währung bleibt eine spekulative Angelegenheit.

Von dort bis zur kompletten Autokauf-Abwicklung im Jahr 2025 ist es noch ein weiter Weg. Anhänger träumen von automatischen Testamenten und Ackerbau-Versicherungen gegen Trockenheit (das Wetter lässt sich bereits heute via Online-Schnittstelle nachprüfen); sie glauben an digital beglaubigte Patent- und Landrechte oder Unmanipulierbare digitale Wahlen.

Gibt es überhaupt Bedarf für smarte Verträge?

Kritiker weisen hingegen darauf hin, dass es noch keinen Standard für verlässliche Datenquellen gibt, Manipulationen an der Blockchain unwahrscheinlich aber nicht unmöglich sind, die neuen Blockchain-Anbieter zu große Macht auf ihren Plattformen haben und noch gar nicht klar ist, ob es überhaupt Bedarf gibt. "Es ist hier politisch korrekt, die Blockchain für interessant zu halten", sagt Wences Casares vom Bitcoin-Startup Xapo aus dem Silicon Valley. Ob es wirklich das nächste große Ding sei, lasse sich allerdings nicht seriös prophezeien.

Vor allem das Rechtsystem müsste sich dafür massiv verändern. Wie lassen sich Gesetze digitalisiert und autonom umsetzen? Wie sieht Rechtsprechung in Fällen mit automatischen Verträgen aus? Wie können Gerichte selbst maschinenlesbar Transparenz und Überprüfbarkeit herstellen?

Wie verändern sich Institutionen?

"Institutionen aus dem 20. Jahrhundert tun sich schwer mit Problemen des 21. Jahrhunderts", sagt John Clippinger, der am MIT in Boston über Identität und Privatsphäre in dezentralen Netzwerken forscht, "es bräuchte einen gewaltigen Innovationsschub in der Regulierung."

Der Blockchain-Enthusiast prophezeit voller Optimismus: "In zwei bis drei Jahren werden wir eine neue Firma oder einen Sektor sehen, der mit der Technologie gigantische Profite einfahren wird. Wir reden hier von 10 000 Dollar Rendite bei einem Dollar Einsatz." An dieser steilen Prognose würde man ihn gerne messen. Am besten per automatischem Vertrag.

Diese Technologie wird die digitale Welt verändern

Das Prinzip der digitalen Währung Bitcoin ist es, alle Transaktionen in einer für jeden Nutzer einsehbaren verketteten Liste zu speichern. Diese Technologie erfasst nun die gesamte digitale Welt.

Accenture, Cisco, IBM, J. P. Morgan, Mitsubishi, Intel, Fujitsu, Wells Fargo . . . man kann sagen, dass es schon weniger prominente Zusammenschlüsse von Firmen gegeben hat. Die genannten sind fest entschlossen, ihren Platz in der Technologie- und Finanzwelt zu behaupten, indem sie sich - Überraschung! - Einer Innovation verpflichten. Unter dem Dach der Linux-Fundation, einem gemeinnützigen Konsortium, das freie Software in der Welt verbreitet, wollen sich die Industrie- und Service-Giganten künftig der Technologie der Blockchain widmen.

Der was? In der Tat, der Begriff der "Blockchain" ist bislang eher wenigen Menschen bekannt. Das dürfte bald anders sein, denn es sieht ganz danach aus, als änderte die Blockchain früher als später sehr viel: die Art und Weise, wie Verträge zustande kommen, wie Bankgeschäfte ablaufen, wie Rechte, zum Beispiel Urheberrechte, verwaltet werden oder wie Grundbücher gehandhabt werden. Der Zusammenschluss der Firmen ist in Anbetracht dieses ökonomischen und gesellschaftlichen Potenzials nur ein kleiner Schritt auf dem Weg in eine Welt mit Blockchain.

Bitcoins sind sicher

Aber worum geht es überhaupt? Wer überhaupt schon mal auf den Begriff gestoßen ist, hat ihn wohl in Verbindung mit der Währung Bitcoin gehört. Bitcoin gilt vor allem als digitales, anonymes Zahlungsmittel für Kriminelle. Das mag spannend klingen, wird der Währung aber nicht gerecht. Tatsächlich ist Bitcoin ein außergewöhnlich sicheres und gleichzeitig transparentes System, mit dem jeder, der sich dafür registriert, Geld hin und her schicken kann. Sei es, um in einem Café zu bezahlen (das Café müsste Bitcoin als Währung akzeptieren, in den USA gibt es das bereits), oder um bei einem Freund ein paar Schulden zu begleichen.

Die Grundlage dieses Systems, dessen Implikationen für das bestehende Bankwesen und klassische Währungen kaum abzusehen sind, ist eben genau diese Technologie: die Blockchain. Wie das Wort erahnen lässt, handelt es sich um eine (virtuelle) Kette aus Blöcken. In diesen Blöcken sind die Transaktionen aller Menschen, die etwas mit Bitcoin bezahlt haben, gespeichert. Die Blockchain wächst mit weiteren Transaktionen an und enthält in der Art einer Liste die Kontostände aller Bitcoin-Nutzer zu jedem beliebigen Zeitpunkt.

Dementsprechend gibt es übrigens, nebenbei bemerkt, keine virtuellen "Bitcoin-Münzen", von denen manchmal aus Gründen der Anschaulichkeit berichtet wird. Vielmehr ist der Besitz eines Menschen, die große Summe in der Währung besitzt, lediglich das Guthaben, das sich aus dem aktuellen Stand der digitalen Liste für ihn errechnet. Die Liste ist - so gesehen - identisch mit der Währung. Weil diese Liste auf mehreren Computern gespeichert wird und für alle Nutzer einsehbar ist, ist garantiert, dass sie nicht gefälscht werden kann. Eine sichere Währung - das ist schon mal sehr, sehr viel für eine junge Technologie.

Banken und Großkonzerne sind interessiert

Kein Wunder, dass jetzt neben Banken ganz andere Branchen und auch Kreative auf die Idee kommen, die Blockchain für neue Zwecke zu verwenden. Attraktiv ist dabei immer der dezentrale Aufbau des Systems, der - und das ist insbesondere beim Handel nicht zu unterschätzen - den Nutzern das Gefühl von Sicherheit gibt. Umgekehrt bedeutet er den Wegfall zentraler Institutionen. Eine Währung, die von allen kontrolliert wird, benötigt keine (Zentral-)Bank. Dazu kommt die Kombination aus der Transparenz des Gesamtsystems und dem Schutz der Privatsphäre für den einzelnen Teilnehmenden. (Bei der Währung Bitcoin sind in der Blockchain zwar die Transaktionen sichtbar, es ist aber nicht ohne weiteres zu erkennen, welcher Mensch sie getätigt hat.)

Vor allem aber, dass eine Handlung identisch mit ihrer Festschreibung im System ist, macht die Blockchain zu einem attraktiven Modell im digitalen Zeitalter. Das klingt nur kompliziert: Im Fall von Bitcoin bedeutet es nicht mehr, als dass eine Transaktion dann getätigt wurde, wenn sie in der Blockchain festgeschrieben und verifiziert wurde.

Exakt dieses Prinzip machen sich nun zahlreiche Startups und Kreative rund um die Welt zu Nutze. Sie träumen zum Beispiel von Verträgen in der Art einer Blockchain, die bei einem Bruch des Vertrages - zum Beispiel, wenn eine Rate nach einem Autokauf nicht überwiesen wird - automatisch und dank der sofortigen Verifikation durch das dezentrale System die Türen des Autos dauerhaft verriegelt.

Andere Programmierer arbeiten daran, die komplexe, weil oft zerfaserte Rechtslage auf dem Feld der Musik in einer transparenten, stets aktualisierten Blockchain zu speichern. So könnten Musiker beim Startup "Peertracks" ihre Songs für Systeme wie iTunes oder Spotify bereitstellen, und die Blockchain würde über ein ausgeklügeltes System dafür sorgen, dass alle Rechteinhaber ihren Anteil bekommen. Gleichzeitig sollen Musikfans über das System eine Art von Aktien von ihrer Lieblingsband kaufen können, die dann - Bitcoin nicht unähnlich - gehandelt werden können.

Griechenland und Honduras überlegen derweil bei der Reorganisation ihres Staatswesens, die Grundbücher der Katasterämter in eine Blockchain umzubauen.

Noch sind die meisten Ideen unausgegoren, die Erfolgsaussichten lassen sich in vielen Branchen erst erahnen. Nur in der Finanzbranche ist klar: Wer nicht mitmacht, wird verlieren. Eine ähnliche Initiative wie jene beim Linux-Konsortium hat sich im Finanzsektor unter dem Namen "R3" zusammengeschlossen, mit dabei sind neben J. P. Morgan und Credit Suisse auch die Deutsche Bank und die Commerzbank. Für die Banken ist vor allem die hohe Geschwindigkeit von Vorteil, mit der eine Blockchain arbeitet, etwa wenn es um grenzüberschreitende Überweisungen oder Wertpapiergeschäfte geht.

Wie Banken mit neuer Technologie experimentieren

Die Blockchain-Technologie könnte Banken überflüssig machen. Doch das wollen die sich nicht gefallen lassen.

Was bedeutet der Aufstieg der Blockchain für die Nutzer, für alle Bürger gar? Im Moment droht der Idee des nach wie vor anonymen Bitcoin-Erfinders die Domestizierung durch Großkonzerne. Für eine dermaßen revolutionäre, aber eben auch komplizierte Idee bedeutet das, dass sie mehr Verbreitung finden wird. Konzerne werden die Blockchain in Systeme einbauen, die leichter zu bedienen sind als zum Beispiel Bitcoin. Andererseits könnte genau deshalb Bitcoin langfristig auch bedroht werden, nämlich wenn Banken und Zentralbanken mit Hilfe der Blockchain eine neue, staatlich kontrollierbare Online-Währung erschaffen. Die Blockchain würde überleben, aber die Revolution des Bankensystems, die sie derzeit noch ermöglicht, wohl kaum.

Die erste Firma ohne Menschen

Dezentral, autonom, menschenlos: Die Investmentfirma DAO existiert nur als Code. 140 Millionen US-Dollar hat sie gesammelt. Zwei Deutsche haben sie programmiert.

Im Silicon Valley dürften einige Risikoinvestoren gerade nervös werden. Ihr Geschäftsmodell wird gerade disrupted. Normalerweise läuft das folgendermaßen: Ein paar aufgeregte Jungunternehmer legen ihnen zitternd einen Businessplan vor, wie sie Firmen oder ganze Branchen durch eine Softwarelösung ersetzen wollen. So wie Amazon es mit Buchläden gemacht hat, Airbnb mit Hotels und Uber mit Taxidiensten.

Sind die Investoren überzeugt, sagen sie, die Branche sei reif für die Disruption und geben ihr Geld gegen Geschäftsanteile am Start-up. Läuft dann alles wie geplant, sind die Firmenanteile der Investoren irgendwann wahnsinnig viel wert – während anderswo Leute auf der Straße stehen, weil ihre Jobs durch eine App ersetzt wurden.

Daher gehören die Risikokapitalgeber des Silicon Valleys zu den mächtigsten Unternehmern der Welt, sie bestimmen die Richtung der Automatisierung. Ihre Macht ist zudem äußerst konzentriert. Es gibt eine Straße, in der praktisch alle wichtigen Risikokapitalgeber in hübschen kleinen Häuschen ihre Büros betreiben, die Sand Hill Road. Daher pilgern so viele deutsche Jungunternehmer dorthin. Sie ziehen zum Geld.

Kapitalisten durch Code ersetzen

Eigentlich wäre das auch der Weg gewesen für die Brüder Christoph und Simon Jentzsch, zwei Programmierer aus der kleinen Universitätsstadt Mittweida in Mittelsachsen. Zusammen mit ihrem Londoner Partner, dem Fintech-Unternehmer Stephan Tual, bauen sie derzeit die Firma Slock.it auf. Slock.it soll eine Plattform für das Internet der Dinge werden, eine Art Airbnb für alles, mit dem sich im kommenden Zeitalter der totalen Vernetzung die ungenutzten Potenziale leerstehender Parkplätze, unbefahrener Autos oder ungenutzter Rechenkapazitäten vermarkten ließen. Die Universal-Sharing-Plattform.

Doch statt sich ins Valley aufzumachen und sich von Investoren vorschreiben zu lassen, wie sie zu arbeiten haben und wer letzten Endes den Profit einfährt, hatten die Gründer eine andere Idee. Sie wollten etwas Neues versuchen und die Kapitalisten durch Code ersetzen.

"Ich finde es nicht richtig, wie stark eine Handvoll Investoren die Entwicklung der Technologie bestimmt", sagt der 31-jährige Christoph Jentzsch. Jede starke Zentralisierung von Entscheidungsprozessen widerspreche seiner politischen Haltung. Also hätten er und seine Partner einfach eine Bauanleitung für eine vollelektronische, dezentrale Investmentfirma verfasst und online gestellt, als "ein soziales Experiment". Sie heißt DAO – Decentralized Autonomous Organisation.

DAO besteht nur aus Smart Contracts und einem E-Voting-System

Dabei hatten sich die drei ein Konzept der Wirtschaftstheorie zunutze gemacht, die Vertragstheorie. Laut der ist eine Firma nichts anderes als ein Netzwerk aus Verträgen, in denen Ziele, Befugnisse und Zeiträume definiert werden. Alles innerhalb der Firma wird durch sie gelenkt, von unten nach oben, ob Maschine oder Mensch. Jeder kennt Arbeitsverträge, die das Handeln der Mitarbeiter steuern sollen. Angestellte "exekutieren" vertraglich vorgegebene Aufgaben. Daher auch der englische Titel CEO – Chief Executive Officer.

Aus der Sicht von Programmierern lässt sich das meist relativ einfach als Programm formulieren, als eine Reihe von elektronischen Wenn-dann-Beziehungen. Smart Contracts heißen solche sich automatisch ausführenden Digitalverträge. In der Theorie sind sie objektiver als Manager, die gerne mal ihre eigenen Interessen über Firmenvorgaben stellen.

Im Fall der DAO ersannen die Slock.it-Gründer ein einfaches Prinzip: Zuerst können sich Interessierte in die Firma einkaufen, indem sie elektronische Token erwerben. So kommt Geld auf das Firmenkonto, also den Fonds. Die Token wiederum repräsentieren Stimmrechte. Nach einer vierwöchigen Token Auktion zum erstmaligen Geldsammeln kann der digitale Investmentfonds entscheiden, wohin mit dem gesammelten Geld. Das bestimmen die Besitzer der Stimmrechte – in einer elektronischen Abstimmung, ähnlich dem E-Voting. Die DAO ist also im Kern eine Geldsammelmaschine plus Entscheidungsgremium.

Der große Unterschied zu einem normalen Investmentfonds aber ist nicht nur, dass hier anstelle von CEOs und Managern eine Art elektronische Aktionärsversammlung – auch wenn sich Christoph Jentzsch gegen dieses Wort wehrt – entscheidet, sondern vor allem, dass die Firma keinen physischen Sitz hat.

Ihre Adresse lautet: 0xbb9bc244d798123fde783fcc1c72d3bb8c189413.

Getreu der Dezentralisierungsphilosophie der Jentzsch-Brüder ist das Investmentfirma-Programm in einer neuen Form von Peer-to-Peer-Netzwerk abgespeichert, der Ethereum-Blockchain. Das Prinzip ist von Bitcoin bekannt: Es handelt sich schlicht um ein gewaltiges Register, das wie das Kontobuch einer Bank oder ein großes Excel-Dokument automatisch alle Aktionen seiner Nutzer verzeichnet. Während es bei der Bitcoin-Blockchain um die Überweisungen von digitalem Geld geht, die jeder angeschlossene Rechner aufzeichnet, damit niemand betrügen kann, hat Ethereum den Handlungsspielraum erweitert. Die Ethereum-Blockchain ist dafür geschaffen, dezentral komplexe Handlungen auszuführen. Richtige Programme. Beispielsweise die Vertragsprogramme, aus denen die DAO besteht. Die Ethereum-Währung Ether dient hierbei als eine Art Lastwagen für Informationspakete.

Der Vorteil jeder Blockchain: Sie ist äußerst hartnäckig. Fällt ein Rechner aus, führen Tausende oder sogar Millionen andere weltweit die Arbeit fort. Um Programme oder auch Geld im Netzwerk zu verorten, werden Zahlen- und Buchstabencodes wie jener der DAO erstellt. Sie dienen als anonyme Nummernkonten.

Die neue Firma ist damit auf den ersten Blick unangreifbar. Sie ist in keinem Land registriert und unterliegt nach Ansicht der Entwickler deshalb auch keiner Gesetzgebung und Regulierung. Gleichzeitig ist im technisch absolut transparenten Blockchain-Netzwerk zwar jederzeit sichtbar, welches Nummernkonto wann wie viel Geld an welche andere Adresse geschickt (oder irgendeine sonstige Aktion ausgeführt) hat. Aber es ist eben nicht auf den ersten Blick bekannt, wer die Person hinter einem Nummernkonto ist.

Das größte Crowdfunding der Geschichte

Sinnigerweise kann man sich in die neue Investmentfirma nur mit der Digitalwährung Ether einkaufen, die auf anonymen Nummernkonten basiert. So ist also nicht sofort erkennbar, wer genau die Investoren sind. Totale Transparenz plus totale Anonymität, das versuchen die Blockchain-Jünger zu vereinbaren. Wobei die erfolgreichen Ermittlungen gegen Geldwäscher, die ihre Spuren mit noch so verschachtelten Bitcoin-Überweisungen verwischen wollten, allen Anonymitätssuchenden eine Warnung sein sollten.

Das Interesse am vollelektronischen Start-up ist gewaltig. "Wir hatten nie mit dieser Größenordnung gerechnet", sagt Christoph Jentzsch. Ether im momentanen Wert von mehr als 144 Millionen US-Dollar sind in noch nicht ganz vier Wochen eingeflossen. Es ist damit bei Weitem das größte Crowdfunding der Internetgeschichte. Zuvor lag der Rekord bei 114 Millionen US-Dollar für ein Videogame. Bei Kickstarter liegt er bei schlappen 20 Millionen. Facebook hat mehr als drei Jahre gebraucht, um auf eine ähnliche Start-up-Finanzierung zu kommen wie die DAO in wenigen Tagen.

Und aus Sicht von Staaten und Steuerbehörden sind die legendären Briefkastenfirmen in Panama im Vergleich mit der DAO so Retro wie ein Grammophon zu Soundcloud.

Niemand soll die DAO regulieren oder zerschlagen können

Zumindest in der Theorie der Entwickler haben nicht nur Staaten keinen Zugriff auf die neue Firma, falls man sie überhaupt so nennen kann. Möglicherweise kann überhaupt niemand sie stoppen. Darauf ist Jentzsch stolz. The DAO sei nicht nur dezentral, sondern eben "autonom". Der Code lege fest, dass es keinen Chef gebe: "Niemand ist in der Lage, der Organisation den Stecker zu ziehen und ihren Betrieb einzustellen". Nicht einmal die Erschaffer selbst. "Nur wenn alle Token-Inhaber einstimmig entscheiden, den Betrieb einzustellen, wird die DAO geschlossen." Im Falle einer größeren Uneinigkeit in der Versammlung der Stimmrechtsinhaber würden automatisiert Abspaltungen erzeugt – und so entstünden ähnlich einer Zellteilung neue DAOs, gefüllt mit dem Geld der abtrünnigen Subgruppen.

Damit könnten die Sachsen einem langgehegten Traum der Blockchain-Gemeinde aus radikal-libertären, staatskritischen Codern zum Durchbruch verhelfen. Dem Traum von der Verselbstständigung des Kapitalismus. Klassisches Beispiel: Selbstfahrende Taxis, die sich selbst gehören und Reparaturen oder sogar Expansion durch ihre Erlöse finanzieren. Inspiriert ist das ganze durch Ethereum-Vordenker Vitalik Buterin. Er sagt, ihn habe der Science-Fiction-Roman Dämon des US-Bestseller-Autoren Daniel Suarez beeinflusst, in dem eine dezentral abgespeicherte Roboterfirma beschrieben wird, geführt von einer künstlichen Intelligenz: Dämon.

In der DAO entscheiden allerdings Menschen. Der Firma können auf elektronischem Weg Vorschläge zur Finanzierung von realen Firmen oder auch gemeinnützigen Organisationen zugesandt werden. Diese werden von menschlichen "Kuratoren", darunter einige der wichtigsten Ethereum-Entwickler, kurz auf formale Korrektheit geprüft. Dann werden sie in einem mindestens zweiwöchigen Abstimmungsvorgang allen Stimmrechtsinhabern vorgelegt. Real auszahlend ist eine Schweizer Firma in Neuenburg, geführt von einem Schweizer Piraten-Politiker.

Slock.it-Berater und Ethereum-Blockchain-Mitentwickler Gavin Wood erwartet, dass sich bei den Abstimmungen eine Art Parlament bilden könnte, mit Parteien und Gruppierungen. "Je nachdem wie man es ansieht, ist die DAO nicht eine Firma, sondern ein Staat." Schon in seinem Konzeptpapier verweist Christoph Jentzsch auf die Liquid-Democracy-Technik der Piratenpartei. Allerdings wäre die DAO eine Demokratie, in der man umso mehr Stimmen hat, je vermögender man ist.

Ob das alles legal ist, ist umstritten. Vor allem: legal nach welchen nationalen Gesetzen eigentlich? Das ganze existiert ja nur im Netz und nicht einmal auf einem einzelnen, lokalisierbaren Server. Und wie gut oder böse die DAO im Verhältnis zu den bisherigen Silicon-Valley-Investoren ist, wird abhängen von ihren Investitionen.

Wenn die DAO-Stimmberechtigten sich dafür entscheiden würden in nordkoreanische Zwangsarbeiterfabriken zu investieren – wer könnte sie stoppen? Jentzsch sagt, die rechtliche Haftbarkeit könne auf der Input-Seite liegen, also bei den Geldgebern und Abstimmenden. Allerdings seien die Rechtsanwälte, die er kontaktiert habe, meist überfordert gewesen mit der neuen Situation. In der traditionell nicht gerade staatsverliebten Finanzbranche wartet man bereits auf das wütende Aufschnaufen der Regulatoren.

Im Gespräch mit der New York Times hatte sich Christoph Jentzsch etwas besorgt gezeigt, wohin die Entwicklung führen wird. Es sei ein Experiment, das eben größer als erwartet geworden sei und sich verselbstständigt habe. Er aber fühle sich nicht in der Verantwortung, er habe den Code nur ins Netz gestellt, hochgeladen habe ihn ein anonymer Nutzer. Ein Perpetuum Mobile im Finanzsystem?

Andererseits haben die Slock.it-Gründer wohl nun ihren perfekten Investor gefunden. Sie haben der DAO als Allererste einen Vorschlag vorgelegt, der wohl durchkommen dürfte. Und da die DAO ja einfach nur Geld vorschießt und im Gegenzug dafür wohl Profitanteile kassiert, wäre es technisch auch denkbar, dass sie neben der Rolle als Anschubfinanziererin auch als zahlungskräftige Kundin von Slock.it tätig werden könnte.

Es wäre ein perfekter Kreislauf. Ein sich selbst fütterndes Pyramidenschema. Vielleicht hoffen die Jentzsch-Brüder und Tual insgeheim, so eine Art finanzielles Perpetuum Mobile erfunden zu haben. Das allerdings implodiert, wenn der Wechselkurs von Ethereum zu anderen Währungen absinkt.

Auf jeden Fall ist das Ganze eine Fintech-Revolution. In einer Zeit, in der viele über das angeblich nahende Ende des Kapitalismus reden und über den Post-Kapitalismus, erfinden andere den Kapitalismus neu: als digital entfesselte Spekulations-Maschine.

Bis zum kommenden Samstag läuft die große DAO-Geldsammelaktion noch. Danach nimmt die Firma ihren Betrieb auf.

Ethereum: Das bessere Kryptogeld?

Einige Fakten zu Ethereum. Was macht diese Kryptowährung so anders als Bitcoin? Warum zieht sie derzeit so viel Begeisterung an? Und welche Schwächen und Probleme gibt es? Wir versuchen, ein wenig Licht ins Dunkel zu bringen.

2016 ist das Jahr von Ethereum. Die Token der Währung – die Ether – haben ihren Wert um mehr als das Zehnfache gesteigert, die Anzahl der täglichen Transaktionen hat sich vervierfacht, und mit der DAO wurde Ethereum zu der Währung, mit der das größte Crowdfunding aller Zeiten getätigt wurde. Nicht mit Dollar, nicht mit Bitcoin, schon gar nicht mit Euro. Sondern mit Ether.

Aber warum? Warum steht Ethereum derzeit so im Hype? Reicht es nicht, eine Kryptowährung zu haben, nämlich Bitcoin? Hat Ethereum wirklich Vorteile gegenüber dem etablierten Bitcoin – oder profitiert Ethereum nur als Trittbrettfahrer von den leidigen Blocksize-Bürgerkriegen? Was macht Ethereum anders als Bitcoin?

Die Unvollständigkeit der Bitcoin-Skriptsprache

Ethereum ist tatsächlich anders als Bitcoin. Um das zu verstehen, muss man ein Stück ausholen und begreifen, wie Bitcoin Transaktionen bildet. Zu sagen, Bitcoin A wandert von Tony zu Berta, ist leider arg verkürzt.

Tatsächlich besteht eine Transaktion, grob gesagt, aus Inputs und aus Outputs. Inputs gehen rein, Outputs gehen raus. Ich nehme 2 Bitcoin, die auf einer Adresse liegen, für die ich die Schlüssel habe – das ist der Input – und schicke sie an eine Adresse, für die jemand anderes den Schlüssel hat – das ist der Output. Dieses einfachste Modell einer Transaktion hat also einen Input und einen Output.

Der Output jedoch schickt nicht einfach nur Bitcoins an eine Adresse. Das wäre zu einfach. Er definiert vielmehr eine Bedingung, unter der dieser Output ausgegeben – also in einen Input verwandelt – werden darf.

In der Regel ist diese Bedingung, dass man dazu nachweisen muss, dass man den privaten Schlüssel für die im Output genannte Adresse besitzt.

Sowohl Inputs als auch Outputs benutzen für diese Operation Skripte. Die Skripte bei Bitcoin prozessieren die sogenannten UTXO. Das bedeutet "Unspent transaction output" und ist beim Bitcoin wahnsinnig wichtig. Denn das UTXO-Set meint die Gesamtzahl aller noch nicht ausgegebenen Outputs. Es ist der Zustand, den Bitcoin, das Netzwerk, prozessiert. Der einzige Zustand von Bedeutung. Sämtliche Knoten einigen sich fortlaufend über 1. die Summe der UTXO, 2. die Adressen, denen sie zugewiesen sind, und 3. die Bedingungen, unter denen sie ausgegeben werden dürfen. Im Grunde erklärt dies alles, was Bitcoin ist.

Um dieses UTXO-Set zu verwalten, reicht dem Bitcoin eine relativ primitive Skriptsprache. Satoshi Nakamoto hat für diese Skripte eine Forth-artige Sprache gewählt. Forth ist eine Programmiersprache aus den 70ern, die nur wenig Speicher braucht und deswegen noch heute oft für Mikrocontroller eingesetzt wird. Sie hat aber einige wesentliche Einschränkungen: So ist sie etwa nicht Turing-vollständig, also nicht universell programmierbar. Sie kann beispielsweise keine Loops bilden, weswegen man ihr nicht sagen kann, mach dies oder das so lange, bis jenes eintritt. Darüber hinaus ist die Sprache "wertblind" und "blockchain-blind", was bedeutet, dass sie ein UTXO nicht teilweise ausgeben und nur begrenzt Information aus der Blockchain verarbeiten kann.

Kurz gesagt: Die Bitcoin-Skriptsprache macht, was sie machen muss, um Transaktionen zu verarbeiten, und das macht sie auch gut. Sobald man aber mehr von ihr will – wie Colored Coins oder Counterparty –, wird die Sache schmutzig. Aber dazu später mehr.

Ethereum – eine neue, Turing-vollständige Blockchain

Vitalik Buterin, der Gründer von Ethereum, hat 2013 ein Modell einer Blockchain beschrieben, die diese Hinlänglichkeitn des Bitcoins hinter sich lässt. Gemeinsam mit anderen Entwicklern, unter anderem Gavin Wood, hat er ab 2014 begonnen, Ethereum zu entwickeln. Das Whitepaper schreibt:

Die Absicht von Ethereum ist es, ein alternatives Protokoll für dezentrale Anwendungen zu entwickeln … Ethereum macht dies, indem es das bildet, was essenziel die ultimative abstrakte Basisschicht ist: eine Blockchain mit einer integrierten Turing-vollständigen Programmiersprache, die es jedem erlaubt, Smart Contracts und dezentrale Anwendungen zu schreiben, in denen sie ihre eigenen, beliebigen Regeln für Besitz, Transaktionsformate und Zustandswechsel aufstellen können.

Die Idee hinter Ethereum ist also, eine Blockchain mit einer Turing-vollständigen Programmiersprache auszustatten. Anstatt ein UTXO-Set soll die Blockchain beliebige Zustände verarbeiten. Anstatt Transaktionen sollen Codeschnipsel und selbstausführende Verträge überwiesen werden; Adressen können semi-intelligente Verträge sein, die unter bestimmten Bedingungen bestimmte Aktionen ausführen.

Ethereum, so die Gründer, soll nicht nur eine dezentrale Währung schaffen, sondern ein dezentrales Internet. Das Web 3.0. Die dapps – dezentrale Anwendungen – sollen alles, was möglich ist, auf die Blockchain bringen. Um die Verwirklichung dieser Vision zu finanzieren, haben die Entwickler rund um Ethereum in einem Vorverkauf der Ether genannten Token mehr als 10 Millionen Euro in Bitcoin eingenommen. Zu dieser Zeit war dies das bisher größte Krypto-Crowdfunding. Die anschließend gegründete Ethereum-Fundation koordinierte die Entwicklung; Vitalik Buterin hat als leitender Entwickler die Hoheit über das Code-Repositorium.

Mitte 2015 erschien die erste Version von Ethereum: Frontier. Die Entwickler hatten eigene Programmiersprachen entwickelt, Solidity und Serpent, mit denen man direkt Smart Contracts in die Transaktionen schreiben kann. Frontier war noch hochexperimentell, fand ausschließlich in der Command Line statt und richtete sich an Entwickler. Mittlerweile ist Ethereum in der zweiten Phase – Homestead. Diese ist stabiler, mit der Mist-Wallet etwas benutzerfreundlicher und soll die Sicherheit erhöhen. Auf sie werden laut der Roadmap von Ethereum Metropolis und Serenity folgen. Aber dazu später.

Zunächst kommen wir auf Colored Coins zurück, um den Unterschied zwischen Bitcoin und Ethereum zu verdeutlichen.

Colored Coins und Smart Contracts – oder warum es auch einfach geht

Schon seit 2012 oder 2013 gibt es in der Bitcoin-Szene den Plan, die Blockchain für mehr als Geld zu benutzen. Abstrakt betrachtet ist die Blockchain ein Protokoll, um nicht duplizier bare Datenbankeinträge dezentral und irreversibel zu übertragen. Das ist gut für Bargeld, wäre aber auch praktisch für Aktien, Bodenrechte, Konzertkarten, Gutscheine und jede andere Art von "Asset" oder "Token." Da die Bitcoin-Blockchain das nicht "nativ" unterstützt, gibt es verschiedene Protokolle wie Colored Coins, Counterparty, Factom, Open Assets und so weiter, die als weitere Schicht auf Bitcoin aufgesetzt werden.

Diese Protokolle sind mehr oder weniger Hacks und sie haben gemeinsam, dass sie recht kompliziert sind und teilweise die Vorteile der Blockchain-Technologie verschenken. Es ist noch einigermaßen einfach, eine Info mit begrenzter Länge an eine Transaktion anzuhängen – zum Beispiel: "das ist eine Aktie von Meier&Bergmann". Wird die Information länger – etwa ein Vertragswerk – benötigt man Datenbanken außerhalb der Blockchain, die dann nur noch als Anker dient, der durch eine Hash bestätigt, dass diese Information unverändert ist. Kurz: Ich bilde die Hash aus einem Kapital von Moby Dick, speichere die Hash in einer Blockchain-Transaktion, und fortan kann sich jeder überzeugen, dass dass entsprechende Kapitel unverändert geblieben ist.

Richtig haarig wird es, wenn man eine solche Information nun weitergeben will. Dann braucht man einen "Browser" oder "Explorer", der das jeweilige Protokoll der Weitergabe kennt und durch Blockchain-Analysen feststellt, dass diese oder jene Information zu dieser oder jener Adresse gehört. Das Problem ist, dass es mit Colu, Colored Coins, Coin-Prism, Counterparty, Factom, Open Assets eine Vielzahl solcher Interpreten gibt, die nicht zwingend kompatibel sind. Sprich: Meine Aktie wird in dem einen Explorer erkannt, im anderen nicht.

Wenn man nun noch will, dass beispielsweise ein Gutschein automatisch ausgegeben wird, nachdem man bezahlt hat, oder dass er nach Ablauf eines Jahres verfällt, dann hat man die Bitcoin-Blockchain vollständig überfordert. Solche Drehbücher gehen nicht auf die Bitcoin-Blockchain, sondern müssen von einer dritten Partei verwaltet und ausgeführt werden. Und damit wären wir wieder dabei, dass eine solche dritte Partei betrügen oder scheitern kann.

Dieses ganze "Wir-bringen-Assets-auf-die-Bitcoin-Blockchain"-Spiel fühlt sich so an, als würden wir ein Messer nehmen, um eine Schraube rauszudrehen; HTML benutzen, um eine Webseite zu designen; versuchen, mit einem Feuerzeug ein Hähnchen zu grillen und so weiter: Man macht mit Bitcoin etwas, wofür Bitcoin nicht gemacht wurde.

Mit Ethereum ist das alles viel einfacher. Man baut eine Transaktion, gibt ihr einen Vertrag mit und definiert, was der Vertrag wann zu tun hat. Wenn jemand auf diese Weise Aktien ausgibt, gibt es eine Vertragsadresse, die eine Liste mit Inhabern der Aktien führt. Diese Inhaber sind in der Regel Adressen (könnten aber alles sein). Wenn man nun Ether an diese Adresse schickt, dann weiß der Vertrag, dass eine Bedingung erfüllt ist, und er nun aufschreiben muss, dass die Adresse des Senders eine bestimmte Anzahl von Token besitzt. Unter anderen Bedingungen erfährt der Vertrag, dass er seine Liste ändern muss, etwa wenn eine Aktie den Besitzer wechselt.

Solche Token und Assets sind bei Ethereum kein Hack, sondern eine Option, die von der Programmiersprache vorgesehen wurde. Man braucht kein äußeres Protokoll; Ethereum kann alles, was notwendig ist, um solche Assets zu bilden und ohne äußere Partei zu verwalten. Für eine Ethereum-Wallet ist es demnach auch ebenso natürlich, Token zu erkennen und zu überweisen, wie es für Bitcoin-Wallets natürlich ist, Bitcoins zu empfangen und zu überweisen. Eine Ethereum-Wallet fragt die Vertragsadresse, ob einer bestimmten Adresse Token zugeordnet sind. Wenn ja, zeigt sie sie in der Wallet an.

Und solche Token sind nur der Anfang. Wie die DAO zeigt, ist es möglich, wesentlich komplexere Vertragsadressen zu bilden, die die Vergabe von Token beispielsweise mit einem Wahlprozess verbinden. Die Möglichkeiten sind grenzenlos. Das Whitepaper schreibt:

Protokolle wie Währungen oder Reputationssysteme können in weniger als zwanzig Zeilen geschrieben werden. Smart Contracts, kryptographische "Boxen", die Werte beinhalten und nur unter bestimmten Bedingungen geöffnet werden dürfen, können auch auf dieser Plattform gebaut werden, mit wesentlich mehr Power als die Skripte im Bitcoin bieten.

Assets auf der Bitcoin-Blockchain kann man sich so vorstellen, als würde man einen Geldschein nehmen und darauf schreiben: "Gutschein für eine Tasse Kaffee". Bei Ethereum bildet man dagegen einen Vertrag, der auf einer Adresse liegt, und notiert, wer einen Gutschein für einen Kaffee hat und wer diesen unter welchen Bedingungen bekommt. Dies macht sowohl das Auslesen als auch das Übergeben dieser Token um ein Vielfaches einfacher – und eröffnet Möglichkeiten, die mit Bitcoin schlicht nicht machbar sind.

Besser für Smart Contracts – aber auch besser für Geld?

Es besteht kein Zweifel daran, dass Ethereum besser geeignet ist, um komplexe Verträge und Programme in die Blockchain hineinzuschreiben. Bitcoin ist, das haben die Kern-Entwickler schon oft verdeutlicht, auch nicht dafür gemacht, um Aktien, Gutscheine oder Konzertkarten zu transportieren. Bitcoin ist digitales Bargeld.

Zahlreiche Leute investieren in Ethereum, weil sie denken, die Einheiten einer Währung, die besser ist, um virtuelle Assets zu transportieren, müssten im Wert steigen. Aber wissen Sie was? Das ist ziemlich kurz gedacht.

Man kann mit einem einzelnen Ether Billionen von Aktien, Konzertkarten und Gutscheinpunkten bilden; und 1.000 Ether dürften ausreichen, um für alle Zeiten die Assets und Token dieser Welt zu verwalten. Die Fähigkeit einer Kryptowährung, Assets zu bilden, hat zunächst nicht den geringsten Einfluss auf ihren Wert.

Wenn überhaupt, dann schaden Assets einer Kryptowährung. Jeder Vertrag, der in die Ethereum-Blockchain eingeschrieben wird, liegt auf allen Computern, die einen Knoten bilden. Weil die Ethereum-Blockchain großzügig mit Platz umgeht und es prinzipiell jeder Information und jedem Programm leicht macht, in sie geschrieben zu werden, wächst sie rasend schnell. Sie umfasse schon jetzt ich glaube 30 oder 40 Gigabyte.

Für ein Zahlungssystem, das seinen Wert in seiner Dezentralität hat, ist dies mit Sicherheit kein Vorteil. Man kann darüber streiten, wie sehr es ein Nachteil ist – aber nicht, dass es einer ist. Der Bitcoin wird derzeit mit dem Skalierbarkeits-Problem konfrontiert; Ethereum wird noch darauf stoßen. Ein derart steigendes Datenaufkommen kann zu einer massiven Zentralisierung der Knoten führen oder, im schlimmsten Fall, sogar die Synchronizität des Netzwerks beeinträchtigen. Diese Ungewissheit trägt Ethereum in die Zukunft mit.

Die derzeitige Version – Homestead – dient dazu, die Sicherheit des Systems zu erforschen und zu verbessern. Die folgende Version – Metropolis – soll die Anwendung von Ethereum in den Mainstream bringen. Ab da an wird eine Lösung des Skalability-Problems dringend notwendig sein. Die Entwickler arbeiten bereits an mehreren Techniken, von denen aber noch keine wirklich weit fortgeschritten ist.

Unklar: Die Geldschöpfung!

Eine weitere Unsicherheit hinsichtlich des Wertes liegt in der Gesamtzahl der Token. Beim Bitcoin ist diese Zahl auf maximal 21 Millionen beschränkt, und es müsste mit dem Teufel zugehen, wenn dies jemals geändert wird. Die 21 Millionen sind eine Grundfeste des Bitcoins.

Bei Ethereum hingegen steht noch gar nicht fest, wie viele Einheiten es insgesamt geben wird. Derzeit gibt es gut 80 Millionen Ether, von denen rund 72 Millionen im Genesis-Crowdsale erschaffen worden sind. Anders als beim Bitcoin gibt es keine abnehmende Entlohnung der Miner; diese bekommen 5 Ether je Block. Da ungefähr alle 15 Sekunden ein Block gefunden wird, entstehen im Jahr etwa 10 Millionen Ether – was derzeit einer Inflationsquote von weit mehr als 10 Prozent entspricht.

Ab einem gewissen Zeitpunkt wird sich das Supply-Modell von Ether jedoch ändern. Eine sogenannte "Difficulty Bomb" wird die Schwierigkeit des Minings ab einem bestimmten Zeitpunkt exponentiell steigen lassen, so dass das Netzwerk einfriert. Dies wurde eingeplant, um die Entwickler dazu zu zwingen, eine Hardfork vorzubereiten. Diese soll den Übergang zur letzten und finalen Inkarnation von Ethereum einleiten: zu Serenity. Dabei soll das Mining durch eine sogenannte Proof-of-Stake ersetzt werden. Dies bedeutet, dass nicht durch Rechenleistung, sondern durch Besitz an Ether abgestimmt wird, was in die Blöcke kommt.

Abgesehen davon, dass es noch keinen Proof-of-Stake-Algorithmus gibt, der als sicher gilt, impliziert dies, dass die Geldschöpfung bei Ethereum niemals zum Erliegen kommen wird. Etwa 1 Prozent Inflation wird es immer geben.

Für ein digitales Gold, wie Bitcoin, sind diese Unsicherheit und Unabwägbarkeiten nicht wirklich bestechend.

Andererseits ...

Ethereum ist also eine überlegene Blockchain für Smart Contracts und für Assets. Aber als Geld stinkt Ether im Vergleich zu Bitcoin offensichtlich ab: Man kann nirgendwo damit bezahlen, es gibt zahlreiche Unwägbarkeiten in der Zukunft, und die Geldmenge insgesamt ist alles andere als klar.

Keine guten Voraussetzungen für ein solides digitales Geld, oder? Wenn man die Ether nicht als Geld betrachtet, sondern als Gebühren für die Ausführung von Smart Contracts, sind sie heillos überbewertet. Mit dem, was die Ether derzeit wert sind, könnte man das ganze Sonnensystem für Jahrhunderte mit den kompliziertesten Smart Contracts versorgen.

Allerdings greift auch das zu kurz. Denn all diese Smart Contracts und Assets machen nur Sinn, wenn man Ether als Geld ansieht – und sie machen Ether zu einem anderen, vielleicht besseren Geld: zu einem programmierbaren Geld. Mit Ether, dem Geld, kann man mehr machen, als mit Bitcoin, dem Geld. Es ist nützlicher. Man kann damit hochkomplizierte Smart Contracts bilden, Programme auslösen, an so etwas wie der DAO teilnehmen, automatisch Aktien kaufen ... Ethereum ist das "programmierbare Geld", das Kryptowährung der Welt versprochen haben.

Ob Ethereum damit aber zu digitalem Gold wird, ist aber eine ganz andere Frage ...

Anleger flüchten sich in den Bitcoin

Der Bitcoin wird für Anleger, die um ihr Geld fürchten, zunehmend interessanter. Immer mehr und immer größere Beträge werden in marode Wirtschaftssysteme und Volkswirtschaften gepumpt, sodass sich die Menschen nach Alternativen umsehen. Der Bitcoin profitiert momentan in besonderem Maße von der Kapitalflucht, obwohl es sich um ein rein digitales Zahlungsmittel handelt. Der Euro Kurs für Bitcoins ist seit dem April des laufenden Jahres von ungefähr 4 Euro auf über 5 Euro gestiegen. Zudem ist das gehandelte Volumen an Bitcoins zum Euro Kurs im Vergleich zum Vormonat um mittlerweile mehr als 30 Prozent gestiegen.

Wer sich bislang noch nicht mit Bitcoins beschäftigt hat, findet angesichts der aktuellen Kursentwicklung und der anhaltenden Schuldenkrise einen guten Zeitpunkt vor, sich etwas näher mit dem Thema zu befassen. Denn der Bitcoin ist aufgrund seiner Eigenschaften nicht nur für Spanier und Griechen interessant. Keine Zentralbank hat Einfluss auf Bitcoins, die mittlerweile auf der ganzen Welt gehandelt werden. Hinter dem Bitcoin steht ebenfalls kein Staat. Und somit ist es auch ausgeschlossen, dass Bitcoins für politisch motivierte Zwecke eingesetzt werden können, zumal Sie sich auch nicht auf Anweisung einer vorgesetzten Stelle vermehren lassen. Dem Geldmengenwachstum sind Grenzen gesetzt, sowohl auf die Gesamtmenge als auch auf das Wachstum bezogen. Maximal können 21 Millionen Bitcoins im Umlauf sein. Zudem erhöht sich der Schwierigkeitsgrad beim Bitcoin-Mining mit der Anzahl der im Umlauf befindlichen Menge an Bitcoins. Dadurch ergibt sich ein wirksamer Schutz vor Inflationen, der mehr und mehr zu überzeugen weiß. Weitere Kurssteigerungen sind daher möglich.

Die Digitalwährung Bitcoin hat die Marke von 1000 Dollar geknackt. Die oft auch als „Hacker-Währung" bezeichneten Bitcoins werden in komplizierten Rechen-Prozessen auf den Computern der Nutzer erzeugt.

Das extrem schwankungsanfällige virtuelle Geld markierte auf der Handelsplattform Mt. Gox am Mittwoch einen Rekordkurs von 1073 Dollar.

Die oft auch als „Hacker-Währung" bezeichneten Bitcoins werden in komplizierten Rechen-Prozessen auf den Computern der Nutzer erzeugt, können aber auch im Internet mit etablierten Währungen wie Dollar oder Euro gekauft werden. Sie kommen vor allem bei Zahlungen im Internet zum Einsatz.

Die mögliche Bitcoin-Menge ist bisher durch die Komplexität der erforderlichen Rechen-Aktionen beschränkt. Die Knappheit trägt zusammen mit der wachsenden Bekanntheit zu dem Kursanstieg bei. Noch vor wenigen Wochen hatte der Bitcoin eine Rekordmarke bei 250 Dollar geknackt.

Der Online-Versandhändler Amazon stellt seine Währung „Coins" nun auch deutschen Kindle-Nutzern zur Verfügung. Die im Sommer bereits in den USA eingeführte Kunstwährung soll den Kunden als eine zusätzliche Möglichkeit zum Bezahlen etwa in Amazons App-Shop zur Verfügung stehen. Virtuelle Währungen stehen vor dem Durchbruch.

Zum Start erhalten alle Besitzer eines Kindle Fire. Gehe zu Amazon für weitere Produkt-Informationen! Ein Startguthaben von 500 Coins im Wert von fünf Euro, teilte das Unternehmen am Freitag mit. Mit der Währung können Nutzer des E-Book-Readers zum Beispiel Apps und Spiele kaufen.

Die im Sommer bereits in den USA eingeführte Kunstwährung soll den Kunden als eine zusätzliche Möglichkeit zum Bezahlen etwa in Amazons App-Shop zur Verfügung stehen. Spiele und Apps, die mit Coins bezahlt werden, gibt Amazon mit einem Rabatt von bis zu zehn Prozent ab.

Nutzer ohne Kreditkarten

Für Entwickler von Apps sei die Bezahlung mit Coins eine weitere Möglichkeit, ihren Umsatz zu erhöhen, teilte Amazon. Hier finden Sie die günstigsten Cyberweek-Angebote auf Amazon mit. In den USA habe sich gezeigt, dass Entwickler seit dem Start der Währung bereits einen deutlichen Aufschwung erlebten. Coins stünden ihnen kostenlos zur Verfügung. Entwickler würden weiterhin ihren Anteil von 70 Prozent an den Erlösen erhalten.

Der Vorteil von künstlichen Währungen ist allerdings umstritten. Microsoft etwa hatte im August seine Währung „Points" im Zuge eines System-Upgrades seiner Spielekonsole Xbox 360 wieder abgeschafft. Seither wird wieder in Landeswährung für Online-Inhalte und Filme aus den Shops der Plattform Xbox Live mit echtem Geld bezahlt. Branchenbeobachter begrüßten damals den Schritt, da das direkte Bezahlen einfacher und schneller gehe. Lediglich Nutzer, die keine Kreditkartehaben. Gehe zu Amazon für weitere Produkt-Informationen! Besitzen, hatte davon profitiert. Ihnen bietet Microsoft seither spezielle Guthabenkarten an

Warum sind die neuen Münzen so interessant? Und wo kommen sie überhaupt her? Im Prinzip ist es ganz einfach. Zumindest wenn man Bitcoins kaufen oder wieder verkaufen möchte. Mittlerweile finden sich nämlich zahlreiche Börsen beziehungsweise Marktplätze wie Mt. Gox und bitcoin.de im Internet jetzt die PlayStation 4 günstig in Verbindung mit Magenta Zuhause kaufen, die das elektronische Geld anbieten. Nachdem sich der Nutzer dort angemeldet hat, kann er direkt loslegen. Euro, Dollar und Yen werden dann in Windeseile durch Banküberweisung gegen Bitcoins getauscht.

Anschließend landen diese in einem persönlichen „Wallet", einem virtuellen Geldbeutel. Ein Netzwerk aus Computern verwaltet die Summen, die in den „Wallets" schlummern. „Jeder, der sich die Bitcoin-Software herunterlädt, installiert und online geht, wird Teil des großen Netzwerkes und übernimmt Aufgaben innerhalb des Netzwerkes", sagt Oliver Flaskämper, Geschäftsführer von bitcoin.de.

Viel anfangen kann ein Wallet-Besitzer mit der nach Spielgeld klingenden Währung jedoch noch nicht. Die Sparte für virtuelle Zahlungsmittel wartet noch auf große Partner – Ebay wäre so weit.

Eine ernstzunehmende Währungsalternative

Die Schöpfung des Phantoms schien seit Schürfung der ersten virtuellen Münze im Januar 2009 zunächst Platz in einer eigene Nische zu finden: Computer-Freaks, Fans eines freien Geldes, Euro-Kritiker und Gold-Fans zählten zu den Käufern der Bitcoins. Heute sehen immer mehr professionelle Anleger in dem elektronischen Geld eine ernstzunehmende Währungsalternative.

Kursrutsche hat das neue Geld in seiner jungen Geschichte allerdings auch schon einige erlebt. Mehrmals manipulierten Hacker in den vergangenen Jahren Bitcoin-Börsen und stahlen dabei Tausende der virtuellen Münzen. In der Folge sackte der Preis ab und die eigentlichen Eigentümer der „Münzen" erlitten einen Totalschaden.

„Der Unterschied eines Verlustes von Bitcoins gegenüber einer nicht selbstverschuldeten Kreditkartenabbuchung ist, dass gestohlene Bitcoins und damit die investierte Geldmengen bei einem digitalen Diebstahl überhaupt nicht ersetzt werden müssen", sagt Michael Hülsiggensen vom Bundesverband Digitale Wirtschaft. Die Bitcoins lagern in den Börsen also nicht sicherer als handfestes Geld im Tresor einer Bank.

Auch die Bundesrepublik Deutschland hat die Digital-Währung Bitcoin Medienberichten zufolge inzwischen in wesentlichen Punkten anerkannt. Die virtuellen Münzen seien rechtlich und steuerlich gebilligt und als „Rechnungseinheiten" anerkannt, berichteten die „Frankfurter Allgemeine Zeitung" und die Online-Ausgabe der „Neuen Osnabrücker Zeitung" unter Berufung auf eine Anfrage des FDP-Abgeordneten Frank Schäffler und die Antwort des Bundesfinanzministeriums. Bitcoins seien laut den Politikern offiziell als „privates Geld" akzeptiert.

Kryptowährung

Genauer gesagt ist Bitcoin eine Kryptowährung, also ein Geldsystem, das auf kryptographischen Prinzipien aufbaut.

Kryptographie ist die Wissenschaft der Verschlüsselung und Informationssicherheit, ihre Technologien bauen in der Regel auf der Mathematik auf. Bitcoin verwendet starke Verschlüsselungstechnologien, darunter unter Anderem den Industriestandard SHA-256.

P2P-Netzwerk

Bitcoin ist dezentral ausgelegt. Das heißt, es gibt keine Bank, keinen Staat und auch keine andere Einrichtung, welche im Zentrum von Bitcoin steht, das Geldsystem kontrolliert und die Geldeinheiten verwaltet.

Die Teilnehmer von Bitcoin tauschen sich stattdessen untereinander über ein P2P-Netzwerk aus. Von sogenannten Minern werden Überweisungen mittels einer leistungsstarken Verschlüsselung verifiziert.

Open-Source

Die Bitcoin-Software ist eine freie Software und vollständig Open-Source. Das heißt, jeder kann sich die Software kostenlos herunterladen, und den Quelltext ansehen.

Als Quelltext bezeichnet man in der Informatik den in einer Programmiersprache geschriebenen Text eines Computerprogramms, der für Menschen lesbar ist. Anhand des Quellcodes kann man nachvollziehen, was ein Programm macht. Open-Source-Programme sind somit in ihrer Funktionsweise vollkommen Transparent und offen.

Schnelle Überweisungen

Bank-Überweisungen innerhalb der Europäischen Union können bis zu einen Werktag in Anspruch nehmen. Außerhalb der EU benötigen sie sogar deutlich mehr Zeit.

Mit Bitcoin dauern Überweisungen hingegen nur 10 Minuten bis maximal eine Stunde. Dies ergibt sich daraus, dass eine Überweisung ca. alle 10 Minuten vom Bitcoin-Netzwerk geprüft und bestätigt wird. Sobald sie 6-mal bestätigt wurde, also nach ca. einer Stunde, gilt die Überweisung als vollständig gültig.

Eine Bitcoin-Überweisung ist im Normalfall gebührenfrei. Dennoch besteht die Möglichkeit, eine geringe freiwillige Gebühr zu bezahlen, um die Transaktion zu beschleunigen.
Was bedeutet das Wort Bitcoin?

Das Wort Bitcoin setzt sich zusammen aus den beiden Teilen Bit und Coin.

Bit ist die Abkürzung für den englischen Begriff binary digit, und heist auf Deutsch übersetzt Binärziffer. Als Binärziffern bezeichnet man die beiden Zahlen des Dualsystems, die im Bereich der Informatik typischerweise als Nullen 0 und Einsen 1 dargestellt werden.

Das englische Wort Coin bedeutet hingegen auf Deutsch so viel wie Münze, womit die Geldeinheiten von Bitcoin, die als Bitcoins bezeichnet werden, gemeint sind.

Sinngemäß bedeutet Bitcoin also so viel wie digitale Münze.

Bitcoin verwenden

Bitcoins befinden sich in einer virtuellen Brieftasche, einem sogenannten Wallet. Um Bitcoin zu verwenden, musst du also zunächst ein entsprechendes Wallet wählen.

Für Einsteiger empfiehlt es sich, eines der folgenden Wallets zu verwenden. Sie sind einfach zu bedienen, und du kannst mit ihnen sofort loslegen:

MultiBit – für Desktop-Computer (Windows, Mac und Linux)
Hive – speziell für das Betriebssystem Mac OS X
Bitcoin-Wallet – für mobile Android-Geräte
Blockchain.info – als Web-Wallet für moderne Webbrowser

Eine Übersicht mit weiteren Wallets findest du auf der offiziellen Website sowie auf Bitcoin-Einfach.de.

Um Bitcoins von einem Wallet in ein anderes zu überweisen, gibt es Adressen. Jedes Wallet kann beliebig viele dieser Bitcoin-Adressen verwalten. Wenn du mit deinem Wallet eine Adresse generierst, so landen alle Bitcoins, die an diese Adresse gesendet werden, automatisch in deinem Wallet.

Eine Bitcoin-Adresse beginnt in der Regel mit einer 1, besteht aus Nummern und Buchstaben, und ist insgesamt 27 bis 34 Zeichen lang. Zum Beispiel ist 18JbYkQ3rJSxijGDaiwTiCydFd8ER5GY6v eine gültige Bitcoin-Adresse.
Bitcoins kaufen
Bitcoins

Es gibt mehrere Möglichkeiten, Bitcoins zu kaufen. Am einfachsten geht dies auf einen online-Marktplatz, bei dem die Nutzer Angebote erstellen und annehmen können. Der Betreiber erhebt dafür meistens eine geringe Gebühr.

Nach dem Kauf können die Münzen dann an deine Bitcoin-Adresse überwiesen werden, und landen in deinem Wallet.

Die wichtigsten Marktplätze für den Kauf und Verkauf von Bitcoins sind:

Bitcoin.de – Der größte deutsche Marktplatz für Bitcoins, mit einer Wechselgebühr von 1%
Bitstamp – Ein internationaler Marktplatz, mit einer Gebühr von nur 0,2% bis 0,5%
LocalBitcoins.com – Plattform für den lokalen Bitcoin-Handel in deiner Umgebung

Außerdem gibt es Händler, die Bitcoins zu einem festen Preis verkaufen. Dazu zählen:

bit4coin – Verkauft Bitcoin-Geschenkgutscheine und liefert die Karten direkt nach Hause
Coinbase – Verkauft Bitcoins, die Zahlung erfolgt dabei per Banküberweisung
VirWox – Wechselt Euro in Linden Dollars, und diese wiederum in Bitcoins

Noch mehr Anbieter findest du in dieser Übersicht von Bitcoin-Marktplätzen.
Funktionsweise von Bitcoin

Im Gegensatz zu den meisten anderen Währungen liegt Bitcoin keine Einrichtung zu Grunde, welche die Geldeinheiten verwaltet. Um die Verwaltung und Verteilung der Bitcoins kümmern sich stattdessen die Bitcoin-Teilnehmer, also all jene Computer, auf denen der Bitcoin-Client installiert und gestartet ist.

Sie bilden ein Netzwerk und tauschen sich untereinander aus, dabei gibt es keinen Server der im Mittelpunkt des Netzwerkes steht und die Kontrolle darüber hat, da die einzelnen Teilnehmer direkt miteinander kommunizieren. Bei einem solchen Netzwerk handelt es sich um ein sogenanntes Peer-to-Peer-Netzwerk (kurz P2P).

Bitcoin ist somit ein dezentrales Geldsystem, hat also keine zentrale Regulierungsstelle, und unterliegt nicht der Kontrolle eines Staates, einer Bank, oder einer anderen Autorität.

Mining

Um Bitcoins in den Umlauf zu bringen, aber gleichzeitig sicherzustellen, dass es nicht möglich ist diese zu fälschen, wurde ein Vorgang namens Mining erfunden. Dabei versuchen die Teilnehmer des Minings mittels einer Hash-Funktion (nämlich zweifachem SHA-256) einen Wert zu finden, der kleiner ist als ein bestimmter Zielwert.

Ein Hash ist eine mathematische Einweg-Funktion, es lässt sich also aus einem Anfangswert a leicht der Endwert b errechnen, aber nicht (oder genauer gesagt so schwer, dass es nahezu unmöglich ist) umgekehrt. Der Anfangswert besteht aus den letzten Transaktionen, den vorherigen Hashwert und einem Zufallswert. Da der Endwert unterhalb des Zielwertes liegen muss, müssen die Miner es mit verschiedenen Zufallswerten solange versuchen, bis es jemanden gelingt, einen passenden Endwert zu finden.

Derjenige, dem dies zuerst gelingt, bekommt zur Belohnung eine bestimme Anzahl an Bitcoins. Da die maximale Anzahl an Bitcoins auf 21 Millionen begrenzt ist, halbiert sich die Belohnung ungefähr alle 4 Jahre. Die Belohnung pro gefundenen Block beträgt somit:

- In den ersten 4 Jahren waren es 50 Bitcoins
- In den zweiten 4 Jahren sind es 25 Bitcoins
- In den darauf folgenden 4 Jahren werden es 12,5 Bitcoins sein
- Danach nur noch 6,25 Bitcoins, und so weiter...

Da der Anfangswert neben der Zufallszahl auch die letzten Transaktionen sowie den vorherigen Hashwert enthält, werden durch den Mining-Vorgang gleichzeitig die Bitcoin-Transaktionen bestätigt. Transaktionen werden bei jedem Mining-Vorgang in Blöcken zusammengefasst. Sobald der Block einer Transaktion 6-mal hintereinander bestätigt wurde, gilt diese Transaktion als gültig.

Der enthaltene Hashwert des letzten Blockes sorgt dafür, dass ein Block mit dem jeweils vorherigen Block verknüpft wird und dessen Gültigkeit nochmals bestätigt. Dabei entsteht eine Kette aus allen bisherigen Blöcken, die sogenannte Blockchain, oder zu Deutsch auch Blockkette genannt.

Abschließend findest du hier weitere deutschsprachige Anlaufstellen, bei denen du dich über Bitcoin informieren kannst.

Die nachfolgenden Webseiten enthalten verschiedene Inhalte zu Bitcoin:

- Bitcoin.org – Die offizielle Website des Bitcoin-Projektes
- WeUseCoins.com – Allgemeines zur Verwendung von Bitcoin
- Bitcoin-Einfach.de – Informationen rum um Bitcoin, mit dem Ziel, diese möglichst einfach und verständlich zu erklären
- de.Bitcoin.it – Das Bitcoin-Wiki (Im Gegensatz zur deutschen ist die englische Version bei weitem aktiver und enthält mehr Seiten.)

Kryptographie der virtuellen Währung

Hinter der Digitalwährung Bitcoin steckt ein komplexes System aus kryptographischen Techniken. Zentral ist die sogenannte Block Chain - ein ewiges Logfile, in dem alle Bitcoin-Transaktionen verzeichnet sind.

Bitcoin ist der bislang erste erfolgreiche Versuch, eine Währung auf Basis von kryptographischen Algorithmen zu erstellen. Hinter Bitcoin stehen keine zentrale Bank und keine feste Organisation. Damit so ein System funktioniert, ist eine Reihe von Herausforderungen zu meistern. Zentral ist die Idee, dass alle Geldtransaktionen dauerhaft gespeichert und für alle nachvollziehbar sind. Dazu kommt das Konzept des "Minings", bei dem Teilnehmer, die umfangreiche Hash-Berechnungen durchführen, belohnt werden. Das Herzstück von Bitcoin ist die sogenannte Block Chain, ein ewiges Logfile über alle Bitcoin-Transaktionen.

Die größte Schwierigkeit einer Digitalwährung ist das sogenannte "Double Spending"-Problem. Darunter wird schlicht die Tatsache verstanden, dass sich digitale Daten üblicherweise trivial und verlustfrei kopieren lassen. Geld, das sich trivial kopieren lässt, ergibt keinen Sinn, denn Tauschwert hat eine Währung nur, wenn sie knapp ist. Um das mehrfache Ausgeben einer Bitcoin zu verhindern, wird jede Transaktion in der sogenannten Block Chain gespeichert. Das bedeutet, dass sich der Weg jeder Bitcoin bis zu ihrer Entstehung zurückverfolgen lässt.

Jeder Teilnehmer des Bitcoin-Netzwerks kann sich die vollständige Block Chain herunterladen und jede Transaktion der Vergangenheit verifizieren. Würde ein Nutzer versuchen, sein Geld doppelt auszugeben, wäre das für andere Nutzer nachvollziehbar und die Transaktion würde als ungültig verworfen werden.

Die Block Chain wird naturgemäß immer größer. Aktuell (Mai 2013) hat diese bereits eine Größe von 7 GByte. Sollte sich die Nutzung von Bitcoin weiter intensivieren, könnte es sein, dass die pure Größe der Block Chain und die Menge der übertragenen Daten zum Flaschenhals der Bitcoin-Nutzung wird.
Public Keys

Um am Bitcoin-System teilzunehmen, muss sich ein Nutzer zunächst ein Schlüsselpaar erzeugen. Hierbei kommt ein Public-Key-System zum Einsatz, das ähnlich funktioniert wie die Verfahren, die auch zum Verschlüsseln und Signieren von E-Mails oder HTTPS-Verbindungen eingesetzt werden. Bitcoin setzt hier auf das sogenannte ECDSA-Verfahren, welches auf der Mathematik der elliptischen Kurven basiert.

Die kryptographischen Details sind komplex, zentral ist, dass jeder Bitcoin-Teilnehmer mit Hilfe seines privaten Schlüssels Transaktionen digital signieren kann.

Mining und neue Blocks

Ein wichtiger Teil des Bitcoin-Protokolls ist das sogenannte Mining. Dies dient zwei Zwecken: Neues Geld wird damit erstellt und Transaktionen werden bestätigt. Beim Mining wird in einem rechenaufwendigen Prozess eine kryptographische Prüfsumme, ein sogenannter Hash, mit dem Verfahren SHA-256 über alle seit dem letzten Block angefallenen Geldtransfers berechnet. Zusätzlich zu den Transaktionen wird eine Prüfsumme des letzten Blocks und eine Zufallszahl gehasht. Gültig ist der neue Hash nur dann, wenn er mit einer bestimmten Anzahl an Nullen beginnt. Die Zahl der benötigten Nullen steigt im Laufe der Zeit, somit wird der Rechenaufwand immer höher. Einen gültigen Hash kann man nur durch simples Ausprobieren von verschiedenen Zufallszahlen erhalten, daher ist der Aufwand hierfür sehr hoch.
Anzeige

Wer nun erfolgreich einen gültigen Hash erzeugt hat, hat damit einen neuen Block erstellt, der von allen Teilnehmern des Bitcoin-Netzwerks auf seine Korrektheit überprüft und anschließend der Block Chain hinzugefügt wird. Im Schnitt entsteht etwa alle zehn Minuten ein neuer Block.

Als Belohnung für das erfolgreiche Erzeugen eines neuen Blocks erhält der Teilnehmer zum einen eine festgelegte Summe an Bitcoins und außerdem alle Transaktionsgebühren für Transaktionen, die er mit seinem Block bestätigt hat. Somit entstehen mit jedem neuen Block neue Bitcoins.

Dieses System wird allerdings nicht ewig weiterlaufen. Die Gesamtzahl der erzeugbaren Bitcoins ist im Protokoll beschränkt. Sobald 21 Millionen Bitcoins im Umlauf sind, wird dieser Prozess gestoppt. Jede Bitcoin wiederum kann unterteilt werden, die kleinstmögliche Einheit ist ein Satoshi, ein Zehnmillionstel einer Bitcoin. Die Begrenzung der Bitcoins ist weitgehend willkürlich und nur durch das Protokoll festgelegt. Es wäre ebenso möglich, ein Bitcoin-ähnliches System mit unbegrenzter Geldmenge zu erstellen.

Langfristig wird das im Bitcoin-System vorhandene Geld dann vermutlich weniger werden. Der Grund dafür: Sobald jemand aus dem System ausscheidet, ist auch sein Geld verloren. Das kann etwa passieren, wenn jemand seinen privaten Schlüssel durch einen Datenverlust, etwa eine defekte Festplatte, verliert oder schlicht das Interesse an Bitcoin verliert. Wie viel Geld durch Datenverluste vernichtet wird, lässt sich allerdings nicht feststellen, da es für das System nicht zu unterscheiden ist, ob jemand seinen Schlüssel verloren hat oder nur für einige Zeit inaktiv war.

Einen Anreiz, weiterhin zu minen, besteht auch dann noch, wenn alle Bitcoins erzeugt sind. Denn die Transaktionsgebühren erhält weiterhin der, der einen Block bestätigt. Die Höhe der Transaktionsgebühren bestimmt jeder Bitcoiner freiwillig nach eigenem Ermessen. Andersrum entscheiden aber auch die Bitcoin-Miner nach eigenem Ermessen, welche Transaktionen sie in einen neuen Block aufnehmen. Wer also seine Gebühren bei einem Geldtransfer sehr niedrig ansetzt, läuft möglicherweise Gefahr, dass dieser für längere Zeit nicht vom Netzwerk bestätigt wird, da für die Miner kein Anreiz besteht, Transaktionen mit geringen Gebühren in ihre Blöcke aufzunehmen.

Ein Problem ergibt sich, wenn zwei Teilnehmer etwa zur gleichen Zeit einen neuen Block erzeugen. So kann es für kurze Zeit sein, dass unterschiedliche Teilnehmer des Netzwerks einen unterschiedlichen Block als aktuell gültigen betrachten. Langfristig setzt sich dann jedoch der Block durch, für den als Erstes ein Nachfolgeblock erstellt wird, denn die Bitcoin-Teilnehmer akzeptieren immer die längste Chain als aktuell gültige.

Mining mit der GPU

Das Minen ist heute sehr aufwendig. Gewöhnliche CPUs sind kaum in der Lage, die notwendigen Hash-Berechnungen in hoher Geschwindigkeit durchzuführen. Fast alle Bitcoin-Miner, die sich im Privaten an der Berechnung beteiligen, setzen daher auf High-End-Grafikkarten. Einige Anbieter stellen inzwischen sogar spezielle Bitcoin-Hardware her.

Heutzutage minen die wenigsten Bitcoin-User alleine. Üblicherweise schließen sie sich zu sogenannten Mining-Pools zusammen. Sie berechnen gemeinsam den nächsten Block und teilen das gewonnene Geld anschließend auf.

Wenig überraschend gibt es auch fragwürdige Methoden des Bitcoin-Minings. So sind schon erste Trojaner aufgetaucht, die die Rechenleistung ihrer Opfer dafür missbrauchen. Eine Software der Computerspiele-Community E-Sports Entertainment Assoziation (ESEA) League nutzte die Rechenpower ihrer Benutzer ebenfalls zum Erzeugen von Bitcoins - ohne dass diese davon wussten.

Pseudonym statt anonym

Da die vollständige Block Chain allen Nutzern zur Verfügung steht, ist es trivial möglich nachzuvollziehen, wie sich das Bitcoin-Geld in der Vergangenheit bewegt hat. Allerdings ist niemand gezwungen, den Zusammenhang zwischen seiner realen Identität und seinem Bitcoin-Schlüssel preiszugeben. Sobald ein Nutzer irgendeine Transaktion durchführt, die mit seiner Identität in Verbindung steht, etwa einen Einkauf unter dem eigenen Namen, gibt er seine Anonymität jedoch auf.

Um dies zu umgehen, ist es aber möglich, nicht nur mit einer, sondern mit zahlreichen Bitcoin-Identitäten unterwegs zu sein. So kann ein Nutzer beliebige Transaktionen zwischen den eigenen Identitäten durchführen.

Illegale Inhalte in der Chain

Das Bitcoin-Wiki https://en.bitcoin.it/wiki/Weaknesses listet eine ganze Reihe von möglichen Sicherheitsproblemen des Bitcoin-Systems auf. Einige davon haben vermutlich das Potenzial, das gesamte Bitcoin-System zu Fall zu bringen.

Ein mögliches Problem ist die Tatsache, dass in der Block Chain beliebige Daten mit untergebracht werden können. Der Grund dafür ist, dass jede Transaktion mit beliebigen Daten versehen werden kann. Vergleichbar ist das etwa mit dem Verwendungszweck bei einer gewöhnlichen Banküberweisung.

Ein böswilliger Nutzer könnte nun eine Transaktion mit Daten ausstatten, die illegal sind, man denke etwa an gestohlene Kreditkartendaten oder kinderpornografische Inhalte. Technisch würde dies das System nicht beeinträchtigen. Allerdings wäre es fortan in vielen oder sogar allen Ländern illegal, die Daten der Block Chain zu besitzen oder zu verbreiten.

Spaltung des Systems

Ein zentraler Aspekt des Block-Chain-Systems ist es, dass sich alle Teilnehmer einig sind, was ein gültiger Block ist. Daraus können sich Probleme ergeben. So ist es etwa möglich, dass in neueren Versionen der Bitcoin-Software neue Features eingebaut werden. Alte Clients akzeptieren dann neuere Blöcke nicht mehr. Solange die Mehrzahl der Nutzer auf die neue Version umsteigt, macht das nicht viel aus, denn diese setzt sich durch die überlegene Rechenleistung praktisch automatisch durch.
Anzeige

Bitcoin ist freie Software, insofern ist es jedem möglich und erlaubt, eine eigene angepasste Bitcoin-Software zu erstellen. Auch ist es vorstellbar, dass jemand eine eigene Bitcoin-Software schreibt. Das ist an sich kein Problem, solange sich alle unterschiedlichen Bitcoin-Implementierungen über das Protokoll einig sind. Größere Probleme könnten sich aber ergeben, wenn es Streit in der Bitcoin-Community über neue Funktionen gibt.

Angenommen, die originale Bitcoin-Software implementiert eine neue Funktion. Das könnte etwas Einfaches wie etwa ein neuer Hash-Algorithmus sein, aber auch grundlegende Änderungen, etwa die Einführung einer Protokollerweiterung für anonyme Transaktionen oder gar die Aufhebung der Geldmengenbeschränkung. Viele Nutzer würden vermutlich eine solche Änderung ablehnen und weiterhin entweder eine alte Softwareversion oder eine alternative Bitcoin-Software einsetzen.

Einen ähnlichen Fall gab es bereits. Im März spaltete sich die Block Chain kurzzeitig auf, da Teile des Netzwerks eine Funktion der Version 0.8 nutzten, viele Anwender aber noch mit der älteren Softwareversion 0.7 unterwegs waren. Das war lediglich ein technisch ungeplanter Fehler, eine dauerhafte Spaltung konnte damals verhindert werden.

Was in einem Streitfall zwischen verschiedenen Bitcoin-Clients passieren würde, ist schwer vorherzusagen. Technisch würde sich dann die Block Chain aufspalten und unterschiedliche Nutzer würden unterschiedliche Varianten der Block Chain als aktuell gültige akzeptieren.

Die Auswirkungen auf den Geldwert wären vermutlich chaotisch, denn ab dann wäre unklar, was eine "echte" Bitcoin ist.

Einführung

Alice ist weit weg von Bob und möchte seine Alpaka Socken für 5 Euro kaufen. 5 Euro sind ein Papierschein, welcher von Leuten im Tausch von Wertsachen (z.B. Bob's Socken) oder Dienstleistungen in der realen Welt akzeptiert wird. Alice könnte nun die 5 Euro in einen Briefumschlag stecken, an Bob senden und warten, dass Bob die Socken zu ihr sendet.

Alternativ könnte Alice die 5 Euro auch überweisen. Dies macht sie, indem sie ihre 5 Euro erst einem Institut (Bank genannt) übergibt, welches auf ihr Geld aufpasst und Kontoauszüge ausstellt, wodurch Alice immer, wenn sie möchte, denselben Betrag abheben kann, den sie bei ihrer Bank eingelagert hat. Dieses Geld gehört nun immer noch Alice, was bedeutet, dass sie mit ihrem Geld machen kann, was sie möchte. Gegen eine kleine Gebühr kann die Bank die 5 Euro nun an Bob aushändigen, anstatt an Alice. Dies könnte nun geschehen, indem die Bank einen Mitarbeiter an Bob's Tür schickt, mit einem 5 Euro-Schein in der Hand (oder besser einem neuen, falls der Schein von Alice in einem schlechten Zustand ist), aber üblicherweise übergibt nun die Bank von Alice den Schein an die Bank von Bob mit der Information, dass er für Bob ist. Dieser Betrag taucht dann auf Bob's nächstem Kontoauszug auf.

Da Banken viele Kunden haben und Mitarbeiter beschäftigen, welche Kundengespräche führen und Dokumente bearbeiten/unterschreiben, welche auch bezahlt werden wollen, setzen heutige Banken auf Geldautomaten und Webserver, die (anstatt den Mitarbeitern) mit dem Kunden interagieren sollen. Diese Maschinen haben die Aufgabe zu lernen, was jeder Kunde, bis zu seinem möglichen Limit, mit seinem Geld anstellen möchte. So z.B. händigen Geldautomaten den Betrag bar aus. Letztendlich gibt es in diesem Prozess meistens eine kleine menschliche Beteiligung. Den Leuten wurde zugesichert, dass die Zahl auf ihrem Kontoauszug oder Bildschirm für ihren Geldbetrag steht, den sie zu jeder Zeit abholen können. Sie können so sicher sein, dass sie die Zahlen genauso annehmen, wie den Euro selber.

Jedenfalls ändert der Umstand, dass Maschinen genutzt werden, nichts am Aufbau des Systems, welches auf einer zentralen Autorität (der Bank) basiert. Sie ist verantwortlich für die Dokumentation, wem wie viel Geld gehört. Jeder muss darauf vertrauen, dass die Bank verantwortungsbewusst ist (z.B. ob sie ehrlich angibt, auf wie viel Geld insgesamt sie aufpasst oder auf Verlangen des Kunden Geld ausbezahlt). Zudem muss sich jede Person gegenüber der Autorität mit ihrem Namen identifizieren, damit er Geld abheben oder überweisen kann.

Diebstahl verhindern

Um zu garantieren, dass sich kein Betrüger durch Transaktionen im Namen Anderer Bitcoins erschleichen kann, nutzen wir ein asymmetrisches Kryptosystem, um digitale Signaturen zu erstellen. In diesem System hat jede Person ein Paar aus öffentlichen und privaten Schlüssel, welche in einer sicheren Geldbörse (wallet) liegt. Nur der User mit seinem privaten Schlüssel kann ein Dokument unterschreiben, wie die Transaktion seiner Bitcoins zu jemand anders, aber jeder andere kann dies anhand des öffentlichen Schlüssels bestätigen.

    Bob schickt Alice seinen öffentlichen Schlüssel
    Alice fügt Bobs öffentlichen Schlüssel zusammen mit dem Betrag, den sie überweisen will, zu der Transaktion
    Alice unterschreibt die Transaktion mit ihrem privaten Schlüssel

Als Ergebnis kann jeder, der die öffentlichen Schlüssel von Bob und Alice kennt, sehen, dass Alice einverstanden war, den Betrag an Bob zu senden, denn kein anderer hat den privaten Schlüssel von Alice. Alice wäre dumm, ihren privaten Schlüssel jemand anderem anzuvertrauen, da dieser dann jegliche Transaktion unterschreiben könnte, welche den Kontostand von Alice reduzieren.

Später, wenn Bob den empfangenen Betrag an Charley weiter senden will, macht Bob dasselbe. Er bekommt Charleys öffentlichen Schlüssel, fügt eine Transaktion zu der Kette der Transaktionen hinzu und unterschreibt mit seinem (Bobs) privaten Schlüssel. Aber dies kann nur Bob machen, da nur Bob den privaten Schlüssel hat, der zu dem öffentlichen Schlüssel passt, welcher schon in der Kette ist.

Eve kann nicht einfach den Besitzer der Coins wechseln, wenn sie ihren öffentlichen Schlüssel mit dem von Bob vertauscht, da Alice mit ihrem privaten Schlüssel (welcher Eve nicht bekannt sein sollte) die Transaktion schon in Verbindung zu Bob unterschrieben hat. Also, wenn Charley akzeptiert, dass der originale Coin in der Hand von Alice war, wird er auch akzeptieren, dass der Coin an Bob weitergegeben wurde und nun zu Charley selber.

Doppelte Ausgaben verhindern

Folgend wird beschrieben, wie wir garantieren, dass Alice ihren Coin nicht nochmal in einer weiteren Transaktion nutzen kann (darin besteht die Hauptinnovation hinter Bitcoin).

Details der Transaktion werden an alle oder so viele wie möglich andere Computer gesendet.

Eine konstant wachsende Kette an Blöcken, welche eine Aufzeichnung aller Transaktionen beinhaltet, wird gemeinsam von allen Computern gewartet (jeder hat eine vollständige Kopie).

Um in der Kette akzeptiert zu werden, müssen Transaktionsblöcke gültig sein und einen Beweis beinhalten (ein Block, der vom Netzwerk ca. alle 10 Minuten generiert wird). Dieses generieren wird auch als Mining bezeichnet.

Blöcke sind so aneinandergehängt, dass alle Folgenden neu berechnet werden müssen, falls einer modifiziert ist.

Wenn mehrere gültige Weiterleitungen an der Kette auftreten, wird nur die längste Kette akzeptiert und später weitergeführt.

Wenn Bob sieht, dass seine Transaktion in einen Block aufgenommen wurde, welcher nun Teil der einzig längsten und am schnellsten wachsenden Block-Kette (verlängert durch erheblichen Rechenaufwand) ist, kann er sicher sein, dass die Transaktion von Alice von den Computern im Netzwerk akzeptiert und für immer aufgezeichnet wurde. Dies verhindert das weitere Senden derselben Coins durch Alice.

Theoretisch könnte Alice versuchen, gefälschte Blöcke zu erstellen, in denen ihre vorhergehende Transaktion nicht auftaucht, und als Beweis, dass die Coins noch bei ihr sind, an alle senden. Wie auch immer, die vorhergehende Transaktion enthält eine Unterschrift von Alice, welche schon im Netzwerk bekannt gegeben und verteilt wurde, und ein Block mit dieser Transaktion wurde von jemandem generiert (ansonsten hätte der erste Empfänger des Coins keine Bestätigung erhalten). Da der Prozess zum Generieren eines gültigen Blocks so ausgelegt wurde, dass er viel Zeit in Anspruch nimmt, wird Alice unmöglich einen Block schneller berechnen können als all die Rechner im Netzwerk. Bob wird inzwischen außerdem mehr Blöcke von anderen bekommen, als Alice je erstellen könnte, in welchen bereits die vorhergehende Transaktion Alice -> Bob notiert wurde. Der einzige Weg für Alice, ihre Transaktion zu löschen, ist, parallel eine längere Kette zu erstellen, als die, die von allen anderen zusammen erstellt wird, da immer nur die längste Kette akzeptiert wird. Um die längste Kette zu bleiben (und um damit zu verhindern, dass die ungewollte Transaktion zu einem Block hinzugefügt wird), müsste sie also schneller wachsen als alle anderen Ketten. Um dies zu schaffen, müsste Alice die Mehrzahl der CPU-Leistung im Netzwerk befehligen können; etwas, wovon wir denken, dass dies keine Person oder Organisation schaffen würde. Daher wird die Transaktion von Alice permanent gespeichert und sie wird den Coin nicht noch einmal senden können, solange die Personen mit der meisten CPU-Leistung nicht mit Alice kooperieren.

Anonymität

Bitcoin-"Accounts" haben keine Namen und beziehen sich nicht auf Individuen. Jeder Kontostand ist einfach mit einem zufällig generierten Public-Privat-Schlüsselpaar verbunden und "gehört" demjenigen, der den privaten Schlüssel besitzt (nur der Besitzer kann Transaktionen unterschreiben). Die Transaktionen benötigen ebenfalls keinerlei Namen.

Eine Bitcoin-Adresse stimmt mathematisch mit einem öffentlichen Schlüssel überein und sieht wie dieser aus:

15VjRaDX9zpbA8LVnbrCAFzrVzN7ixHNsC

Jede Person kann sehr viele solche Adressen haben, jede mit einem eigenen Kontostand. Und dies macht es schwieriger zu identifizieren, welcher Person welcher Betrag gehört. Um seine Privatsphäre zu schützen, kann Bob für jede individuelle Transaktion ein neues public-private Schlüsselpaar erstellen. Also kann David, der den Coin von Charley erhalten hat, nicht sagen, wer die zweite Person in der Liste der Transaktionen ist (außer er fragt Charley).

Erstellung der Coins

Wie wir sahen, müssen Bob und Charley beweisen, dass der originale Coin von Alice gültig ist. Alice kann nicht einfach aus dem Nichts Coins erstellen, weil das Entstehen von Coins durch Transaktionen, die von anderen akzeptiert werden müssen, erfolgt.

In der jetzigen Software werden Coins wie folgt langsam in den Verkehr gebracht: Jeder Computer, der es schafft einen neuen Block zu generieren, darf eine Transaktion von 50 BTC hinzufügen, ohne dass diese 50 BTC irgendwo herkommen müssen. Dieser Betrag ist ein Anreiz, damit Leute die Berechnungen durchführen, die für die Erstellung neuer Blöcke nötig sind. Es ist festgelegt, dass der Anreiz zum Generieren von Blöcken alle 4 Jahre um die Hälfte reduziert wird. Dies bedeutet, dass die Mehrheit der CPUs aufhören wird Blöcke anzunehmen, welche eine Transaktion von 50 BTC für die Erstellung enthalten. Sie werden dann nur noch Blöcke annehmen, die die Hälfte hinzufügen. Dies wird auch in den Jahren 2017, 2021, 2025 etc. geschehen, falls sich nicht eine andere Client Software durchsetzt.

Da der Anreiz evtl. schrumpft, Coins zu erhalten, kann Alice auch Transaktionsgebühren annehmen. Es gibt eine freiwillige Transaktionsgebühr, dessen Höhe der Sender des Geldes selbst bestimmt und entrichtet. Dieser Betrag erhält jener, der den "Proof-of-work"-Block generiert, in dem die Transaktion auftaucht (notwendig, damit die Transaktion akzeptiert wird). Da Alice selbst entscheiden kann, welche Transaktionen sie in ihren Block packt, kann sie sich für Transaktionen mit den höchsten Gebühren entscheiden. Wenn jeder so handelt, ist evtl. eine kleine Gebühr notwendig, damit eine Transaktion in der Block-Kette auftaucht.

Alles zusammen

Erlebe direkt das System mit einem Besuch des [Bitcoin Block Explorer]. Diese Seite zeigt dir die letzten Blöcke der Block-Kette. Diese Block-Kette beinhaltet die festgesetzte Geschichte aller Transaktionen des Systems. Beachte wie viele Blocks in der letzten Stunde erstellt wurden; es sollten ca. 6 sein. Beachte außerdem die Anzahl der Transaktionen und den in der letzten Stunde transferierten Gesamtbetrag. Dies sollte dir ein Indikator sein, wie aktiv das System ist.

Als nächstes: Die Blöcke. Beginnen wir mit dem Hash. Siehst du die vielen Nullen am Anfang? Deswegen ist es so schwierig zu generieren. Der Rechner, der den Block errechnet, muss so viele Nonce-Werte (auch im Hash-Artikel erwähnt) berechnen, bis dieser einen Hash mit den vielen Nullen ergibt. Als nächstes kommt der Hash des Previous block (der Block, der zuvor kam), den jeder Block besitzt. So formt sich die Kette. Nun zu den Transaktionen in diesem Block: Der Erste ist das Einkommen für den Rechner, der diesen Block errechnet hat. Er beinhaltet den festgelegten Wert für das Erstellen solcher Blocks und zusätzlich mögliche Transaktionsgebühren.

Jetzt zu den Transaktionen: Du wirst sehen, wie ein oder mehrere Inputs und Outputs behandelt werden. Der Fakt, dass es mehrere Beträge ein-

und ausgehen, erlaubt es dem System, die Beträge in jede möglicher Weise zu trennen oder zusammenzufügen (meist in Cents). Jeder eingehende Betrag ist eine zuvor ausgehende Transaktion (einsehbar durch den Link) von jemandem und jeder ausgehende Betrag ist adressiert an jemanden, er wird Teil einer zukünftigen Transaktion (auch einsehbar durch den Link, wenn diese schon stattgefunden hat).

Als letztes die Adresse: Hier kann man jede verfügbare öffentliche Information einsehen.

Um ein Bild der ganzen Aktivität des Netzwerks zu bekommen, kann man sich Informationen über die Seiten Bitcoin Watch und Bitcoin Monitor besorgen. Die erste Seite zeigt eine generelle Statistik der Transaktionen, während die zweite einzelne Ereignisse zeigt.

Adresse

Eine Bitcoin Adresse oder einfach Adresse ist eine Kette von 27-34 alphanumerischen Zeichen, die mit einer 1 oder 3 beginnen und ein Ziel für eine Bitcoinzalung eindeutig identifizieren. Adressen können von jedem Nutzer beliebig und kostenlos erzeugt werden.

Zum Beispiel kann in dem original Bitcoin-Client Bitcoin-Qt im Bereich Bitcoins Empfangen einfach auf neue Adresse geklickt werden um der eigenen Wallet eine zusätzliche Empfangsadresse zuzuordnen. Darüber hinaus ist es möglich eine Bitcoin Adresse über einen Wechseldienst oder einen online Wallet Dienst zu bekommen.

Ein Beispiel für eine Bitcoin Adresse ist 1P82rBjJMDFSay2RqKx1bydDRVh5QnGkkZ.

Eine Bitcoin Adresse ist wie eine E-Mail-Adresse

Genau wie eine E-Mail können auch Bitcoins an eine der Adressen einer Person gesendet werden. Diese Person kann viele verschiedenen Bitcoin Adressen haben. Für erhöhte Anonymität bietet es sich an für jede Transaktion eine neue, eindeutige Bitcoin Adresse zu verwenden.

Wenn auf einer Webseite Waren oder Dienstleistungen mit Bitcoins bezahlt werden, dann erzeugt diese Webseite in der Regel für die Zahlung eine neue Bitcoin Adresse, welche mit dem eigenen Account verknüpft wird. So können Zahlungen an diese Adresse eindeutig dem zahlenden Kunden zugeordnet werden. Völlig anders als bei einer E-Mailadresse kann sich diese Bitcoin Adresse aber bei der nächsten Zahlung schon geändert haben. Das sollte immer beachtet werden, wenn man später Zahlungen einfach blind an die gleiche Adresse schickt.

Adressen können offline erzeugt werden

Adressen können offline ohne Internetzugang erzeugt werden. Es ist kein Kontakt mit dem Bitcoin Netzwerk nötig und auch keine Registrierung. Das Bitcoin Netzwerk fängt an sich die neue Adresse zu merken sobald die erste gültige Zahlung an diese Adresse geschickt wurde.

Es ist möglich riesige Mengten von Adressen mit verfügbaren Software-Tools offline zu erzeugen. Das kann nützlich sein, wenn z.B. für einen Onlineshop vorab Adressen erzeugt werden sollen an die später Zahlungen an verknüpfte Benutzerkonten getätigt werden sollen. So muss man sich nicht mit irgendeiner Bitcoin API oder zusätzlicher Bitcoin-Software auf dem Webserver herumschlagen. Es wird einfach eine große Liste neuer Adressen erzeugt, die aus einer simplen Textdatei nach und nach bei jedem Verkauf aus dem Onlineshop verbraucht werden.

Ein durchschnittlicher Desktop-Computer kann tausende von neuen Bitcoin Adressen pro Minute erzeugen. Adressen werden einfach durch Zufallszahlen erzeugt und anschließend werden noch einige Operationen durchgeführt um aus den Zufallszahlen ein passendes Public- und Private-Key Schlüsselpaar abzuleiten. Da Adressen schnell und quasi ohne Kosten erzeugt werden können ist es nicht unüblich temporäre Adressen zu erzeugen und diese bei Nichtnutzung wieder zu verwerfen.

Groß- und Kleinschreibung

Bei Bitcoin Adressen wird zwischen Groß- und Kleinschreibung in der Adresse unterschieden. Die Adressen sollten sicherheitshalber immer per

Copy and Paste auf dem Computer übertragen werden. Wenn eine Adresse von Hand eingegeben wird und nicht jedes Zeichen exakt richtig geschrieben ist, ist es sehr wahrscheinlich, dass das Bitcoin Netzwerk bzw. schon der Client die Adresse ablehnt. In der Adresse ist dafür eine Checksumme enthalten, die dies sicherstellen soll.

Die Wahrscheinlichkeit, dass eine fehlerhaft eingegebene Adresse akzeptiert wird beträgt 1 zu 232, also ungefähr 1 zu 4,29 Milliarden.
Adressvalidierung

Wenn eine Bitcoin Adresse bei der Eingabe in einer eigenen Anwendung oder in einer Webseite auf Plausibilität überprüft werden soll ist es ratsam eine Methode von diesem Thread zu benutzen als nur die Zeichenlänge und auf erlaubte Zeichen zu überprüfen.
Adressen haben einen "privaten Schlüssel"

Für die meisten korrekt erzeugten Bitcoin Adressen gibt es wenigstens eine geheime Zahl, den private key. Dieser wird benötigt um über die Bitcoins zu verfügen, die auf der zugehörigen Adresse eingegangen sind. Ohne den privaten Schlüssel können diese Bitcoins nicht ausgegeben werden.

Wenn ein Bitcoin-Client genutzt wird, werden die privaten Schlüssel üblicherweise in der Wallet gespeichert. Der private Schlüssel hat einen wichtigen Zweck. Er wird mathematisch benötigt um eine gültige Transaktion zu erzeugen, die die Bitcoins, die auf der Adresse eingegangen sind wieder auszugeben. Wird der private Schlüssel zu einer Bitcoin Adresse verloren (z.B. durch einen Festplattendefekt) sind alle Bitcoins von den Adressen die in Bezug zu diesem privaten Schlüssel standen praktisch für immer verloren.
Multi-Signatur-Adressen

Es können Adressen erzeugt werden, die eine Kombination von mehreren privaten Schlüsseln voraussetzen. Da dies einige neuere Features von Bitcoin voraussetzt beginnen solche Adressen mit einer 3 statt mit einer 1. Vergleichbar ist dieses Szenario mit einem Scheck, der an zwei Parteien gleichzeitig ausgestellt wird. Der Scheck kann also nur von beiden

Parteien eingelöst werden. Jeder der beiden Parteien muss den Scheck bei seiner Bank einlösen sonst bekommt keiner von beiden etwas.

Die Kriterien (Anzahl der benötigten privaten Schlüssel, die zugehörigen öffentlichen Schlüssel usw.) werden im Voraus von der Person festgelegt, die diese Adresse erzeugt und sobald diese Adresse erzeugt ist können die Kriterien nicht geändert werden ohne eine komplett neue Adresse zu erzeugen.
Was ist eine Adresse

Die meisten Bitcoin Adressen sind 34 Zeichen lang. Sie bestehen auf zufälligen Zahlen sowie Groß- und Kleinbuchstaben mit der Ausnahme, dass der große Buchstabe "O", das große "I", das kleine "l" und die Ziffer "0" wegen der besseren Lesbarkeit niemals benutzt werden.

Einige Bitcoin Adressen können kürzer als 34 Zeichen sein, theoretisch bis herunter zu 27 Zeichen und sind dann immer noch gültig. Eine nicht geringe Anzahl von Adressen ist nur 33 Zeichen lang und einige sind sogar kürzer. Jede Bitcoin Adresse steht für eine Zahl, so etwas wie eine Kontonummer. Diese kurzen Adressen sind gültig, weil sie mit Nullen starten und diese können am Anfang weggelassen werden. Dadurch wird die Adresse kürzer.

Transaktionsgebühren
Receiving the fees from hundreds of transactions (0.44 BTC)

Transaktionsgebühren können jedem Transfer von Bitcoins zwischen zwei Adressen hinzugefügt werden. Im Moment werden viele Transaktionen getätigt ohne das überhaupt eine Transaktionsgebühr vorausgesetzt wird, aber in Transaktionen, die Bitcoins von vielen Adressen beinhalten und deswegen eine große Datenmenge umfassen, wird in der Regel eine geringe Transaktionsgebühr vorausgesetzt.

Die Transaktionsgebühr geht an einen der Bitcoin Miner. Wenn ein neuer Block mit einem korrekten Hash erstellt wird, werden alle wartenden Transaktionen in diesen Block eingebettet und alle gesammelten Transaktionsgebühren gehen an den Erzeuger des Blocks.

Im Prinzip sind Transaktionsgebühren freiwillig. Die Person, die die Bitcoin Transaktion tätigt kann eine Transaktionsgebühr in beliebiger Höhe anweisen oder auch überhaupt keine. Allerdings ist ein Miner nicht verpflichtet eine Transaktion ohne Gebühren in seinen neu erzeugten Block aufzunehmen. Die Transaktionsgebühr ist daher ein Mittel um sicherzustellen, dass eine Transaktion in den nächsten, erzeugten Block aufgenommen wird.

Es wird vermutet, dass mit der Zeit die gesammelten Transaktionsgebühren ein Anreiz für die Miner sind mehr Bitcoins mit dem Erzeugen von neuen Blocks zu verdienen. Ohne Transaktionsgebühren würde nur die Blockvergütung (derzeit 25 Bitcoins 07.01.2012) anfallen. Die Transaktionsgebühren sind auch ein Mittel zum Zweck das Erzeugen von neuen Blocks attraktiv zu halten, wenn es in ferner Zukunft keine feste Vergütung für neu erstellte Blocks mehr gibt.

Minimale Transaktionsgebühr

Seit dem 10. Juni 2012 lauten die minimalen Transaktionsgebühren im Original Bitcoin Client wie folgt:

Transaktion für das Einbetten in einem neuen Block akzeptieren: 0.0005 BTC

Transaktion an andere Bitcoin Clients weiterleiten: 0.0001 BTC

Eine Transaktion kann ohne Gebühren versendet werden wenn beide der folgenden Fälle zutreffen:

Die Transaktion ist kleiner als 10 (SI) Kilobytes (10.000 Bytes).
Alle Transaktionsausgänge betragen 0.01 BTC oder mehr.

Übersicht

Der original Bitcoin Client prüft jede ausgehende Transaktion. Wenn eine Transaktionsgebühr nach den vorstehenden Regeln erwartet wird, verhindert der Client das Senden der Transaktion, wenn die Transaktionsgebühr zu gering angesetzt wird.

Der Benutzer wird aufgefordert die Gebühr zu bestätigen bevor die Transaktion gesendet wird.

Technisch werden die Gebühren gesendet indem sich mehr Bitcoins in dem In- als im Out-Bereich des Datenpakets befinden. So gibt es einen Überschuss im Datenpaket, der keiner Adresse zugeordnet ist.

Derjenige, der den Block erzeugt und verbreitet, der diese Transaktion enthält, kann sich diese überschüssigen Bitcoins nehmen. Sie sind in der normalen Blockvergütung als zusätzlicher Bonus enthalten.

Wenn ein Miner eine Transaktion empfängt, die keine Transaktionsgebühr enthält, aber eigentlich sollte, dann kann er die Übernahme in seinen erzeugten Block verweigern. Die Transaktion wird dann evtl. in einen später erzeugten Block von jemand anderem übernommen, der gewillt ist dies ohne Gebühren zu tun. Eine bestimmte Höhe der Transaktionsgebühr kann aber kein Miner erzwingen. Er kann nur das Angebot respektive die Transaktionsgebühr akzeptieren oder das Abwickeln der Transaktion verweigern.

Dieses Guthaben setzt sich ausschließlich aus 0.01 BTC Cents zusammen. Da das Versenden des Guthabens so eine große Datenmenge erzeugen würde ist eine sehr hohe Gebühr nötig.

Die verschiedenen Bitcoin Clients und Versionen haben unterschiedliche Regeln um festzustellen, ob eine Transaktion akzeptiert werden soll und ob Transaktionsgebühren zu entrichten sind um die Transaktion möglichst schnell in einen Block zu bekommen.

Der Vorteil, wenn eine Transaktionsgebühr entrichtet wird ist, dass die Transaktion üblicherweise schneller in einen der nächsten Blöcke aufgenommen wird, als wenn keine Transaktionsgebühr entrichtet wird - sozusagen ein Wechselspiel zwischen Zeit und Geld. Entweder eine geringe Gebühr und die Überweisung dauern länger oder eine hohe Gebühr und die Überweisung werden schon im nächsten Block aufgenommen.

Die Regeln sind nicht in Stein gemeißelt. Das Bitcoin-Netzwerk kann viele verschiedene Regeln simultan umsetzen. Wenn es Miner gibt, die nie eine Transaktionsgebühr voraussetzen und der eigene Client so modifiziert ist, dass niemals eine Transaktionsgebühr entrichtet wird, dann wird die eigene Transaktion bei Gelegenheit von diesen Minern in einen Block aufgenommen. Das kann allerdings unter Umständen lange dauern. In der Zukunft wird sich vermutlich auch dieser Bereich durch Angebot und Nachfrage festigen.

Sollte festgestellt werden, dass die eigenen Transaktionen sehr lange benötigen um bestätigt zu werden ist der Grund möglicherweise, dass keine Transaktionsgebühr entrichtet wurde. Einen aktuellen Bitcoin Client zu benutzen wird in der Regel helfen eine angemessene Transaktionsgebühr zu errechnen.
Eine Transaktion senden, wenn nicht genügend Bitcoins für die Transaktionsgebühr vorhanden sind.
Technische Informationen

Die Transaktionspriorität wird aus der Betrags-gewichteten Summe des Input Alters, geteilt durch die Transaktionsgröße in Bytes berechnet:

$Priority = sum(input\_value\_in\_base\_units * input\_age)/size\_in\_bytes$

Transaktionen setzen ein priority-Wert von über 57.600.000 voraus um das erzwungene Limit zu vermeiden (seit Client Version 0.3.21). Dieser Grenzwert ist im Quellcode als COIN * 144 / 250 hinterlegt um zu verdeutlichen, dass der Grenzwert einen ein Tag alten 1 BTC Coin darstellt (144 ist die erwartete Anzahl von Blöcken pro Tag) und eine Transaktionsgröße von 250 Bytes.

Eine Beispielrechnung: Wenn eine Transaktion 2 Inputs hat, einer von 5 BTC hat 10 Bestätigungen und einer von 2 BTC hat 3 Bestätigungen und die Transaktion damit eine Größe von 500 Bytes, dann hat die Transaktion einen priority-Wert von

(500000000 * 10 + 200000000 * 3) / 500 = 11,800,000

Bitcoin (inoffizielle Abkürzung BTC) ist ein Open-Source-Softwareprojekt für die gleichnamige digitale Währung auf Peer-to-Peer (P2P) Basis, das 2009 von Satoshi Nakamoto ins Leben gerufen wurde. Über sogenannte Bitcoin-Adressen kann Geld anonym von einer Wallet-Datei (engl. Geldbörse) bzw. einem speziellen Service über das Netzwerk an andere Adressen überwiesen werden.

Im Gegensatz zu allen anderen Währungen gibt es keine zentrale Institution, die Geld herausgibt. Stattdessen werden Bitcoins durch Rechenleistung generiert. Durch eine definierte Obergrenze von existierenden Bitcoins kann keine unendliche Inflation stattfinden

Bitcoin als Geschäft akzeptieren

Diese Anleitung richtet sich an Unternehmen, die Waren oder Dienstleistungen für herkömmliche Währungen (wie Euro oder Franken) anbieten und Bitcoin als weitere Bezahlmöglichkeit akzeptieren möchten.
Inhaltsverzeichnis

   1 Warum Bitcoins akzeptieren?
   2 Rechtliche Grundlagen
   3 Bitcoins im Ladengeschäft akzeptieren
   4 Nutzung eines Händler-Services

5 Lieferungen auf Rechnung
6 Preise festlegen
7 Kaufverträge
8 Händler-Services

Warum Bitcoins akzeptieren?

Bitcoin ist "digitales Bargeld". Im Gegensatz zur Banküberweisung dauert es nicht mehrere Tage, bis der Betrag angekommen ist und im Gegensatz zur Lastschrift- oder Kreditkartenzahlung gibt es keine Rückbuchungen oder Händlergebühren.

Rechtliche Grundlagen

Derzeit ist Bitcoin nicht offiziell als Währung eingestuft, jedoch weist die BaFin (Bundesanstalt für Finanzdienstleistungsaufsicht) in ihrem Merkblatt zum Thema "Hinweise zu dem Gesetz über die Beaufsichtigung von Zahlungsdiensten (Zahlungsdiensteaufsichtsgesetz - ZAG)" darauf hin, dass sowohl die Schaffung als Zahlungsmittel bestimmter Werteinheiten als auch ihr Einsatz als Zahlungsmittel erlaubnisfrei zulässig ist.

Somit ist die Akzeptanz von Bitcoin unserer Meinung nach legal, sofern alle anderen gesetzlichen Bestimmungen beachtet werden.

Für die Steuer sind Bitcoin-Umsätze in Euro umzurechnen und als solche zu versteuern.

Diese Hinweise gelten lediglich für Deutschland. In Österreich, der Schweiz und anderen Ländern gelten möglicherweise andere Bestimmungen.

Bitcoins im Ladengeschäft akzeptieren

Falls Sie Bitcoins in einem Ladengeschäft akzeptieren möchten, stellen Sie an Ihrer Kasse einen QR-Code auf, der Ihre Bitcoin-Adresse angibt. (Einen QR-Code-Generator finden Sie zum Beispiel hier.) Diesen QR-Code können Kunden mit ihrem Smartphone scannen und direkt bezahlen. Sie müssen dann nur noch überprüfen, ob die Zahlung eingegangen ist, und können dann die Transaktion über Ihre Kasse wie eine Bargeldtransaktion abrechnen.

Damit Ihre Kunden auch wissen, dass Sie Bitcoins akzeptieren, können Sie ein Schild oder einen Aufkleber prominent an der Kasse anbringen, oder Kunden direkt darauf ansprechen.

WeAcceptBitcoin.png

Wenn Sie nicht gerade in Berlin oder einer anderen Großstadt sitzen, könnte es sich bei dieser Gelegenheit lohnen, bei der Lokalzeitung anzurufen und bekanntzugeben, dass Sie als erster Händler in X-Stadt Bitcoins akzeptieren. Vielleicht finden Sie in der nächsten Ausgabe einen Artikel, der nicht nur für Ihr Geschäft, sondern auch für Bitcoin kostenlose Werbung bedeutet.

Nutzung eines Händler-Services

Falls Sie einen Online-Shop betreiben, ist die einfachste Lösung, einen Händler-Service zu nutzen. Dieser Service akzeptiert für Sie die Bitcoins. Wenn Sie mit Bitcoins direkt nichts zu tun haben möchten (was Ihre Buchhaltung vereinfacht), können Sie den Service auch nutzen, um Bitcoin-Einnahmen direkt in Euro oder Franken umzuwandeln und auf Ihr Geschäftskonto zu buchen.

Lieferungen auf Rechnung

Liefern Sie Waren gegen Rechnung, ist es am besten, wenn Sie für jede Rechnung eine eigene Bitcoin-Adresse erstellen. Auf diese Weise kann es keine Verwirrung geben, wenn zwei Kunden denselben Rechnungsbetrag an Sie bezahlen sollen.

Vergessen Sie nicht, auf der Rechnung anzugeben, wie viele BTC Ihnen der Kunde überweisen sollte. Ein Hinweis auf der Rechnung könnte etwa so aussehen:

"Alternativ zu den üblichen Zahlungsmethoden bieten wir auch die Zahlung mit Bitcoins an. Mehr Informationen über Bitcoin finden Sie unter http://weusecoins.com. Überweisen Sie bis zum (Datum) die Summe von (Summe) BTC auf die Adresse (Adresse), gilt die Rechnung als bezahlt."

Sie müssen dann nur noch auf den Zahlungseingang auf der entsprechenden Adresse warten. Auch der Kunde hat die Möglichkeit, z.B. über Block Explorer nachzuweisen, dass die Rechnung bezahlt wurde.

Betreiben Sie eine Webseite, können Sie Ihren Kunden außerdem anbieten, unter einer URL wie http://www.ihrewebsite.de/bitcoin/(Rechnungsnummer) die Bitcoin-Adresse für die jeweilige Rechnungsnummer einzusehen. Dies erspart dem Kunden das mühsame und fehlerbehaftete Abtippen der Adresse von der Rechnung und ermöglicht es ihm, die Adresse einfach zu kopieren und in seinen Bitcoin-Client einzufügen.

Preise festlegen

Viele Händler legen ihre Preise nach dem aktuellen Bitcoin Kurs zum Zeitpunkt des Angebots fest. Wenn Sie einen Händler-Service nutzen, errechnet dieser automatisch den BTC-Preis anhand des aktuellen Kurses.

Natürlich können Sie den Preis auch selbst festlegen. Nützlich ist dabei die Seite Bitcoin Prices, die die Bitcoin-Wechselkurse zu zahlreichen Währungen auf verschiedenen Börsen auflistet.

Möchten Sie Risiken durch Kursschwankungen eliminieren, können Sie einen Händler-Service nutzen und ihn anweisen, eingehende Bitcoin-Zahlungen sofort in Euro oder Franken umzutauschen und Ihrem Konto gutzuschreiben.

Kaufvertrag

Bei einem Kaufvertrag mit Bezahlung in Bitcoin sollten einige wichtige Punkte beachtet werden, um Probleme für beide Seiten zu verhindern:

Transaktionsgebühren sind bei Bitcoin stets vom Sender der Zahlung zu bezahlen.

Da es keinen "eingebauten Käuferschutz" bei Bitcoin gibt, sollte bei größeren Transaktionen angeboten werden, einen Treuhand-Service beizuziehen.

Da der Bitcoin Kurs stark volatil ist, sollte eine Regelung getroffen werden, die bei großen Kursschwankungen eine Rückabwicklung oder Anpassung des Preises ermöglicht.

Handel

Diese Seite enthält eine Liste von Webseiten, die gegenwärtig Bitcoins akzeptieren. Neue Anbieter oder Dienstleister sind sehr willkommen, sich ebenfalls einzutragen, da sie mit dazu beitragen, Bitcoin als Digitale Währung zu etablieren!

Bitte listen Sie nur Angebote, die gegenwärtig schon Bitcoins akzeptieren. Diese Seite nutzt die Media Wiki-Software, für die es diese Einführung in die Benutzung gibt.

Bitte beachten Sie: Es ist Ihre Entscheidung, ob Sie einem Anbieter vertrauen oder nicht. Das Forum ist auch dazu gedacht, sich über positive wie negative Erfahrungen mit Anbietern auszutauschen. Als Händler können Sie sich gerade dann Anerkennung erwerben, wenn mal etwas nicht auf Anhieb klappt und es auf Ihren Einsatz ankommt. Kommunikation schafft Vertrauen!

Produkte oder Dienstleistungen, die in Japan oder Deutschland illegal sind, sind nicht geeignet hier aufgeführt zu werden - solche Links werden umgehend entfernt. Jeder Versuch, solche Links erneut zu platzieren, wird zu einer Sperrung des Accounts führen.

Bitcoins kaufen und verkaufen
Exchange-Plattformen / elektronische Börsen

Bitcoin kaufen bei CleverCoin Europäische Bitcoin-Börse mit Sitz in den Niederlanden. Kauf und Verkauf per SEPA, Kreditkarte und iDeal.
bistamp.net Slovenische Bitcoin Börse
bitcoin.de OTC Handelsplatz für Bitcoin
Coinimal.com Sofortiger Kauf/Verkauf von Bitcoins gegen EUR. Zahlungsmöglichkeiten: SOFORT Überweisung, GIROPAY, EPS, OBT (Skrill) und Banküberweisung (SEPA).
#bitcoin-otc, Reputationsbasierte "Over The Counter" Wechselbörse
VirWoX, Kauf/Verkauf Bitcoins gegen Linden Dollars, die in EUR, USD, GBP, und CHF konvertierbar sind. Zahlungsmöglichkeiten mit PayPal, paysafecard, und Überweisungen.

Weitere Exchange-Plattformen und Börsen mit aktuellem Kurs und allen verfügbaren Zahlungsarten finden sich auf den verlinkten Seiten.
Local/In-Hand Exchanges

Localbitcoins, Ankauf/Verkauf Bitcoins auf lokaler persönlicher Ebene
Bitcoin-Treff.de, Deutsche Alternative zu Localbitcoins

Tausch/Verkauf von Fiat Währungen (USD,EUR etc.)

e-obmen, LR Verkauf und Auszahlung zu Visa/Master Card, Liqpay, Perfectmoney.

Börsenspiele

draglet Bitcoin Börsenspiel, Ermöglicht allen, kostenlos den Handel mit Bitcoin zu erlernen. Gewinnausschüttung (echte Bitcoin!) an die besten Teilnehmer.

Internetdienste
Bitcoin-Dienstleistungen
Online Wallets

Blockchain.info Online Wallet und Blockchain Browser.
Wallen Bits, Zahlungsmanagements.
Backup Slave, Automatische Backuplösung.
PayPal-Vcc , Virtuelle Kreditkarten
Flexcoin, Online Wallet und interne Transaktionen mit Klartext-Id.
EasyCoin.net, Deutschsprachiges Online Wallet.

Marktservices

Bitcoinreminder.com, E-Mail / SMS Warndienst für Handelskurse der größten Bitcoin-Börsen (in Testphase)
Mybitcointrade.com, Bitcoin Aktien Handel und Projekt Unterstützung für Große und Kleine Projekte.

Verschlüsselungshardware

German Privacy Fundation e.V. PGP-Smartcards zur sicheren Verschlüsselung und Signatur von Wallet und Mails mit Two-Faktor-Authentication

Zahlungssysteme

BitPay.BIZ Membership Billing BitPay ist das innovative Zahlungssystem zur Abrechnung von Websitezugängen. Membermanagement inklusive. Englischsprachiger Onlinesupport. Adult und High-Risk Business ist gern gesehen.
Coinsnap Europäischer Bitcoin Zahlungsabwickler

Online-Backups / Dateiaustausch / Cloud-Speicher

Blaucloud.de Sicherer und anonymer Cloud-Speicher-Dienst auf Basis von ownCloud - Made in Germany
Power Folder (info)

Filehosting

ubitio.us Filehosting
Premiumize.Me Multi-OCH, Multi One-Click-Hoster mit Premium-Downloads von filesonic, share-online, uploaded, ... und Zugang zu online TV/streaming Webseiten wie wilmaa, hulu, fox, abc, cbs, ...

VPN

Traceless.me VPN Keine Logs. Weltweite Locations. Premium VPN. Kostenlos ausprobieren mit 5GB gratis Traffic. Bitcoin und andere Zahlungsmittel.
oVPN.to Anonymous VPN Service, 100% Non-Logging VPN Service

Online Produkte
Domains

www.cinipac.com Anonyme Domain Registrierung, diverse Zahlungsmittel (neben Bitcoin).
www.flokinet.is Anonyme Domain Registrierung

E-Mails

www.TrashMail.net Wegwerfbare E-Mail-Adressen, Erstellen von wegwerfbaren Weiterleitungs-Adressen zum Schutz vor Spam und Newslettern. Zum Teil ist der Dienst kostenlos, durch die Plus-Mitgliedschaft erhält man Zugang zum vollen Funktionsumfang. Dieser kann mit Bitcoins bezahlt werden.
www.BitMail.BIZ E-Mail Hosting, Anonyme und Spam-geschützte E-Mail Adressen. Unlimitierte Anzahl an E-Mail Postfächern möglich. E-Mail Postfächer können ausschließlich in Bitcoins bezahlt und anonym registriert werden.

Webdesign, Design

www.areya.de, Areya Webservices, Webdesign und Webprogrammierung. Alle Dienstleitungen können auch in Bitcoins bezahlt werden.
www.keplerlabs.at, Web design, Programmierung, Online-Marketing und Drupal-CMS-Consulting. Wir akzeptieren Bitcoins!

www.regioagentur.net, Webdesign, Programmierung, Google Apps for Bussiness Consulting. Wir akzeptieren Bitcoins!

Marc Christopher, Kreativstudio und Full Service Werbeagentur in Wien, spezialisiert auf Markenkonzepte, Logo-Entwicklung, Corporate Design, Web Design, Foto Design, Multimedia und Event Management. Als eine der ersten Werbeagenturen im deutschsprachigen Raum akzeptieren wir auch BitCoin als Zahlungsmittel und gewähren dabei einen signifikanten Preisnachlass.

www.n-durch-x.de, Professionelles Webdesign aus einer Hand in allen Preiskategorien, nehmen Sie einfach Kontakt auf. (Bitcoins akzeptiert)

www.renebreckner.de, Ehrliches Webdesign (incl. HTML/CSS), UI/UX Design und Internet Marketing. Bitcoins herzlich akzeptiert!

LAYER.1.GFX Technomadic Graphic Designer and Urban Calligraffiti Artist, Logo Design, Web Design, Customized QR Codes, Social Media Services, Graffiti Art and Workshops, BodyArt, Japanese Calligraphy, Proofreading (DE/EN), Beratung bei Kunst und Musik Projekten, Vermittlung von Kreativen in Berlin, Wien, London (BTC akzeptiert)

Webentwicklung

KeplerLabs Webanwendungen, Webdesign, Online-Marketing, Drupal Entwicklung.
www.n-durch-x.de, Ob komplexe Webanwendungen oder einzelne Scripte, wir setzen es um. (Bitcoins akzeptiert)

Webhosting

AwardSpace Günstiges Web Hosting mit Serverstandort in Deutschland (Kiel), mit selbst entwickeltem Control Panel, Script Installer, Website Builder und 24/7 Ticket Support.
123-Web-Host Plesk, DirectAdmin, cPanel Hosting mit 300 Skripten.
L3server Dedizierte Server, vServer (VPS), Master Reseller: L3 Rechenzentrum Hamburg/Deutschland.
BitHosting.BIZ Anonymes Webhosting auf Windows und Linux Basis.
catbull multimedia web-hosting, web-construction, system/software-consulting...
Trade Service Webhosting all-inkl., Web-Services, Web-Design.
Cinfu Hosting Solutions Webhosting und VPS Servers, Domain Registrierung, SSL Cert.
CINIPAC Offshore Hosting Offshore Webhosting, VPS, dedicated Server, SSL Cert, VPN .
n-durch-x.de Webhosting mit MySQL, FTP, Mail, ...
www.flokinet.is Domaisn, VPS Webspace , dedicated Server uvm.

Kommunikation

JonDonym Anonymisierungs Dienst Man kann Premium Accounts mit Bitcoins bezahlen.

VoIP

Swilliam Tell billige Telefongespräche
Mumble4Bitcoin VoIP Mumble-Server for Gaming, private chatroom etc. Hohe Sicherheit sehr gute Sprachqualität (freier test-server)

Spiele

Birwo Bitcoin Casino Weltweit Bitcoin Online Casino, mit INSTANT spielen und Auszahlungen. Genießen Sie die BEST Boni und Promotionen wie No Deposit Bonus. 100% igen Ersteinzahlungsbonus und die viralen Boni.
Bitcoin Casino Grösstes Bitcoin Casino, Roulette, BlackJack, Poker und mehr .... Grosse Jacpots.
Roulette
Bitcoin-Lotterie
Lost Labyrinth - An old-school coffee-break dungeon-crawling game

WOW (World of Warcraft)

Gatherbuddy & Honorbuddy WOW Bot-Service (by Bossland Gmbh)

Buchhaltung

CashCtrl Intuitive und effiziente Online Buchhaltung.

Instant Messaging

Jabber-Server.de, freier, deutscher Jabber-Server.

Adult Only

Bitcoinporn.blogspot.com, free porn movies, donations in bitcoin welcome.
porn4coin - Verzeichnis von Erotikseiten, die Bitcoin als Bezahlmethode akzeptieren
strip4bit.com, Amateur Webcam Chat

Materielle Güter
Geschenke & Wohn-Accessoires

Glanzfee – Perlen, Glanz & mehr große Auswahl an Perlen, Schmuckzubehör und Bastelmaterial, sowie Modeschmuck, Dekorations-Artikel, Geschenke und noch vieles mehr.

Designers-Heaven.de Designer-Geschenke und Luxus-Accessoires für Ihr Zuhause oder zum Verschenken an Weihnachten & Geburtstagen Geschenkkarten, Guthabenkarten

Mit Guthaben- oder Geschenkkarten, die man gegen Bitcoin erwerben kann man auch bei größeren Onlinehändlern beliebige Artikel kaufen.

spendbitcoins.com, Online kaufen bei Amazon, iTunes, Barnes & Noble, fishpond, Buy.com, und weitere.

BTC Buy, Wechsel Bitcoins gegen Amazon und NewEgg Geschenkkarten, variable Preise

Bitcoincodes logo icon.png bitcoincodes.com Microsoft Points, AirVPN-Zugänge, PSN Valuecards, Nintendo points, Game time (WOW, Rift, ...) und Geschenkgutscheine (ITunes, Minecraft, usw...) mit Bitocins anonym kaufen, authorisierter Reseller von airVPN

Auktionen, Handelsplattformen

HASTUschon? Auktionshaus Mit über 10Mio. Auktionen/Artikel das größte Aktionshaus für Bitcoin. (info)

bitmit.net Auktionsplattform und Einkaufsportal mit Treuhand und weiteren Sicherheitsfeatures

bietcoin.de, der Bitcoin-Marktplatz mit Kleinanzeigen und Diskussionen zu Bitcoin

rechemco.com, Auktionsplattform und Einkaufsportal für diverse Chemikalien

Tauschbörse Bitcoin, Handelsplattform auf Basis von Google Groups und Google+

Audio im PC

PREL Audio-Verstärkerkarten zum direkten Einbau in den Desktop-PC.

Autozubehör

CarHifiDirekt WTS Carhifi & Tuning bietet ein große Auswahl an Artikeln zum Thema Autohifi und Tuningteile. Bei Zahlung mit Bitcoins gibt es 5% Rabatt auf den aktuellen MtGox Wechselkurs.

Sport

tennis-termin.de, Tennisausrüstung mit Bitcoins kaufen und Tennisplatz Stunden (im Tennisland Geretsried & Tenniscenter Wolfratshausen) online reservieren und mit Bitcoins bezahlen.

Musik
Musikinstrumente

RealMusicShop Instrumente und Zubehör für Musiker

Musiksoftware

musikerprogramme.de Cadenzo, Musiklernprogramm

Musikstücke

Education of the Noobz, poetische elektronische Musik
Wuidmusik, bayerische Volksmusik & Rap
Joix Liveact und Produzent elektronischer Tanzmusik. Bitcoin-Bestellung von Tonträger unter "Support Joix".

englischsprachige Webseiten

Degenernet Radio Online radio station promoting independent music from all genres.

Video Seconds Digital concerts and tracks download. Also accepting donations for some free downloads. Dependent on artist contracts.

Mr.Scoops Accepts bitcoin donations for free album downloads.

saddet, accepts bitcoin donations for album download.

bzwahr.mine.nu/music Optional bitcoin donations.

ghostFM Accepts bitcoin donations for unreleased material.

skin contact Accepts bitcoin payments for album download.

Fugue State Accepts optional bitcoin donations.

Richard James Accepts bitcoin payments for album download.

Cathartech Accepts bitcoin trades for track downloads.

The Symphony of Science is a musical project headed by John Boswell. Accepts bitcoin donations for music downloads.

RPG Beats Accepts bitcoin payment for hip-hop beat leases.

Apeiron Restraint Anti-facist, pro-reason metal band accepting bitcoin donations.

fluffertraX Award-winning, adult music radio show and ringtones, accepting bitcoin donations.

Matt Sage : "A great artist" - Gilles Peterson, "Seriously gorgeous sounds" - Mike Scott (The Waterboys), accepts bitcoin payments

LOM Non-profit experimental netlabel focused on eastern europe, accepting bitcoin donations.

The Kale Rock project of the producer The Kale. Accepts bitcoin payments for track downloads and bitcoin donation.

After Hours Jazz Original Jazz, traditional and modern. We have 3 mp3 albums for sale. 1 BTC each.

Konzertkarten

Mono für Alle!, Tickets für Mono für Alle! - Konzerte

CDs/Schallplatten/Vinyl

Vinyl Living Room Longplayer, exklusive Auswahl an Vinyl.

Masala Brass Kollektiv - alternative Brass und Marchin' Band aus Graz (AT)

Bücher

PatrickSiebert.at Publikationen von Patrick Siebert
L. Ron Hubbard-Buchladen der freien Scientologen (unabhängig von der Scientology-Kirche)
Btc-Books Bücher für Bitcoins
Starkmuth Publishing Bücher von Jörg Starkmuth, z.B. Die Entstehung der Realität

englische Webseiten

Every Book, Ebook library where you can subscribe using bitcoins
Thunderune Publishing, Indie publisher with over 20+ imprints.
Eye Bleed Ink, Comic book, web comic, and graphic novel artwork in both traditional and digital by artist John Watts

Hörbücher

Otto Normalo, Hörbücher

Kleidung

englischsprachige Webseiten

Babbletees, Künstlerisch gestaltete T-Shirts mit akademisch-technischem Touch. Bitcoins werden angenommen, Info.
R-Shirt, Accepts Bitcoins for geeky pirate R-Shirts.
Square²Wear, A bitcoin-only apparel store. Currently sells a variety of funny/nerdy t-shirts.
Alpaca Products for Bitcoins, Alpakasocken, ideal für Outdoor-Fans
The White Peacock, Gothic Lolita clothing

deutschsprachige Webseiten

Mono für Alle!, T-Shirts und Pullis aus Müll.
Schuhwelt Onlineshop, Deutsche Markenschuhe ehrlich günstig, Birkenstock, Meindl, Arbeitsschuhe, etc. auch Bio-Pantoletten.
Handarbeitsshop, handgestrickte Socken, Mützen und Accessoires

OlaKids, individuelle Kinderkleidung, Bio- und kbA-Stoffe, Westfalenstoffe

Babykleidung

Baby Natur Versand - Auserwähltes für Ihr Baby, Babykleidung, Babypflege, Spielzeug, und vieles mehr... speziell ausgewählt nach höchsten Qualitäts- und Umweltstandards.

Parfüm und Kosmetik

EleganteDuefte, Online Parfüm und Kosmetik kaufen. Mit diesen Düften stehen sie immer im Mittelpunkt.
manufaktur pur, Handgemachte Naturseife, beduftet mit naturreinen ätherischen Ölen. Auch als Wasch- und Duschgel.

Schmuck

From Heart to Heart, Handgefertigter Schmuck aus der Schweiz. Jedes Stück ist ein Unikat.

Spielzeug

rasselzoo.ch, Handgemachte schön gestaltete Stofftiere
www.num-num.de, Exklusiver Verkauf des 1x1 Kartenspiels Num-Num. Das ist ähnlich Uno oder MauMau, aber wer das Einmaleins gut kennt ist im Vorteil ;-)

Kunst

Btcworks , Kunst, Gemälde, Zeichnungen
Anja Putensen Fotografie: Innere Landschaften Hochwertige Aluminium-Dibond Prints von verzauberten Landschaften
Künstler Stefan Burger, Akademischer Kunstmaler, Nürnberg Poster von Gemälden

Postkarten

Otto Normalo, Postkarten

Feinmechanik

Horolotech Luxury Swiss Watches - Schweizer Chronographen in limitierter Auflage
Edle Welten - Uhren

Edelmetalle

Materialvalues, deutscher Edelmetallhändler. Goldbarren sowie Silber, Platin und Palladium.
BitCoin Commodities, Gold bars, Gold coins and Silver bars for BitCoin. Twitter: @BTCcommodities.

Lebensmittel / Getränke

Edle Welten , Nahrungsmittel, Essig, Öl, Spirituosen, Tee, Kaffee
Weinhof Reinhardt , Weine aus aller Welt, Sekt, Champagner, Edle Spirituosen, Partner der Gastronomie
Käserei Lustnau , Käse und andere Milchprodukte

Zu Gastronomie und Restaurants beachten Sie auch die Rubrik Gastronomie!
Verschiedenes

BitcoinStore.ch

Dienstleistungen
Software
Lizenzen

SlySoft.com Backup software für CD, DVD und Blu-Ray, z.B. AnyDVD, CloneDVD, CloneCD
Wuala - Der sichere Online-Speicher.

englische Webseiten

MyBTC-Trader.com, a MtGox Bitcoin trading client for windows with many additional features.

TreeSheets, a cross between spreadsheet, mind mapper and outliner, suitable for any kind of data organization (Bitcoin donations welcome)

Bear Bones, Custom software development for individuals, non-profits, and small businesses

Spherical Sky, a small game studio, accepts Bitcoin payments for their games.

Windows Gadget for Bitcoin, a simple widget that displays the current exchange rate on your desktop

Manaty (info), Software development services

Componentix, Custom software development – iPad, iPhone, Android, Java, Grails.

Procedural Dynamics, Custom iOS, Android, Web, OS X software development services.

USB Duplicator Now, Software to quickly and easily duplicate files to many USB drives

EyeSpeak Software, English teaching software. Payment by bitcoin accepted upon request.

MediGraph Physical Therapy Software, Practice Management software for Physical and Occupational Therapy. Documentation, Billing, and Scheduling. Bitcoins accepted for all services.

Worker72a, Graphics utility Plug-ins for Adobe Illustrator versions 8 through CS5. Mac only. Discounts for bitcoin payment.

Blink Gear, Professional software design and development-- robotics, smartphone apps, computer vision, systems integration, embedded systems.

PDFCool Studio, PDFCool Studio allows you to create, convert, edit, sign, merge, compare, split, combine, replace and encrypt PDF documents. Discounts for bitcoin payment.

Vesica Art Collection Software, Vesica is an on-demand collection management platform for art, heritage and culture collections and is built for museums, private art collectors and institutional galleries.

Network PDF Server Software Appliance, YAFPC-Appliance is a Network PDF Server. It's coming on a bootable CD image in combination with an easy to use installation script. Once automatically installed, any PC or virtual machine booted from this image can act as a PDF-Printserver which provides an unlimited number of network shared virtual PDF-Printers.

IT Support

Monatliche IT-Support Flatrate, Auf Wunsch inkl. Fernwartung. Blitzschnelle, professionelle Hilfe und Beratung in allen Bereichen der IT. Sparen Sie pro Monat viele BTC oder EUR wenn Sie gleich für mehrere Monate bestellen.

IT-Visionär Heinz Brasch Beratung, Konzeption, Projektleitung und Prototyping für Web- und Softwareprojekte.

exactt technology IT-Systemhaus in Muenchen, Beratung & Service in allen Bereichen der IT. Bezahlung gerne in BTC.

BitCoin Mining Support IT-Systemhaus in Nürnberg, Beratung & KnowHow zu Bitcoin Mining. Bezahlung gerne in BTC.

Website-Hosting der Swiss-eCommerce.ch

Softwareentwicklung

Hardt IT-Solutions Individuelle Softwareentwicklung (.NET, WCF, WPF, Silverlight aber auch PHP, Java, JavaScript, etc.pp), Datenbankentwicklung (z.B. MS-SQL), Portierung alter Datenbanksysteme, ggf. Weiterentwicklung oder Änderung von Software, bei der der Quelltext fehlt, aber die Programmrechte beim Eigentümer der Software und nicht beim Entwickler liegen (z.B. Auftragsarbeiten), sowie Beratung im Bereich IT und TK-Anlagen (Phoenix-Dialer, Avaya Tenovis I55)

Stania Networks Softwareentwicklung und Webdesign (.NET Framework, Microsoft SQL-Server, Microsoft Access, XML).

Seminare

lebedeinentraum.tv, Luzid Träumen lernen wie in Inception!

Freiwerden von der Last vergangener Leben - Clearing - Reinkarnations-Sitzungen

Gestaltung & Design

Monaco GFX, Satz, Grafik & Gestaltung von Druckerzeugnissen aller Art (Flyer, Zeitschriften, Bücher, Magazine usw.).

Marc Christopher, Kreativstudio und Full Service Werbeagentur in Wien, spezialisiert auf Markenkonzepte, Logo-Entwicklung, Corporate Design, Web Design, Foto Design, Multimedia und Event Management. Als eine der ersten Werbeagenturen im deutschsprachigen Raum akzeptieren wir auch BitCoin als Zahlungsmittel und gewähren dabei einen signifikanten Preisnachlass.

Marketing

Bitcoin Marketing Team Das Bitcoin Marketing Team ist eine spezialisierte Bitcoin Marketing Agentur mit Hauptsitz in Dublin, Irland und bietet Hilfestellung und Unterstützung bei der Erstellung von Geschäftsmodellen, Marketing/Werbung/Kommunikationsstrategien, als auch der Verbesserung des "Anwendererlebnis" (user experience) in Produkten oder angebotenen Serviceleistungen.

Informationsdienste
Händlerbewertungen

Bitcoin User Reviews, a user-review website for all Bitcoin Shops, Services, Mining Pools and Trading Sites.

Social Creativity

witcoin, Micropayment-basierte Social Content Site, die Beiträge mit Bitcoins belohnt

Handel
Internetauktionen

HASTUschon? Auktionshaus Über 10Mio. käufliche Artikel über Bit-Coins erwerbbar. (info)
Bidding Pond (info)

Kleinanzeigen

bietcoin.de, deutschsprachige Kleinanzeigen
www.bitcoinclassifieds.net Find goods and services you can buy with Bitcoins
Tauschbörse Bitcoin, Plattform für Kleinanzeigen auf Basis von Google Groups und Google+

Gemeinnützige Organisationen

(Bitcoin-Spendenadressen siehe unter Spenden)
Informationsfreiheit

WikiLeaks, Internationales Whistleblowing

German Privacy Foundation, Anbieter von PGP-SmartCards

Freie Software

Duplicati, sicher verschlüsselte Backups in der Cloud. Funktioniert mit WebDAV, SSH, FTP, Amazon S3, Windows Live SkyDrive, Google Drive und vielen anderen.
Free Software Foundation

Werbung

http://www.emotion-experts.com oder http://www.the-emotion-experts.com/Wasserspiele-Blog/ Musikalische Wasserspiele (Musikalische Wasserorgeln bzw. Springbrunnen), auch in Kombination mit Showlasertechnik und Wasserleinwandprojektionen mit Laser und Video sowie diverse Sondereffekte wie z.B. Schwebende Wassertropfen, Jumping

Jets und Kunst mit Wasser. Zum Mieten und Kaufen für Innen- und Ausseneinsatz, weltweit.

Reisen & Tourismus

Events

Salsafestival Bodensee 2013: Tickets für das Salsafestival Bodensee in Kreuzlingen, 22.-23. Juni 2013.

Fremdenführer

Tour Guide Heidi Leyton Heidi Leyton bietet individuelle Touren in und um Berlin für englischsprachige Reisende an.

Bed and Breakfast

Bed and Breakfast Del Corso, Naples, Italy, Im Zentrum von Neapel, nahe am Hauptbahnhof. Frühstück inlusive, WLAN, großes eigenes Bad. Zahlung in BTC werden zum Kurs des Reservierungstags akzeptiert. Ausgestellt wird eine Rechnung in EURO aufgrund des italienischen Steuerrechts. Weitere Infos bnbdelcorso@gmail.com

Bed and Breakfast Luna Luna, Mechelen, Belgium, sehr nahe bei Brüssel und Antwerpen in der Mitte Belgiens. Wir nehmen BTC an, Rechnung in Euro.

Vlierhof, Bio-Bauernhof mit Übernachtung und Seminarräume

Hotels

Howard Johnson Hotel and Conference Center, Fullerton, Califorina, gelegen nahe bei Disneyland, "offering a free hot breakfast and shuttle".

Red Roof Inn, Buena Park, California, nahe bei Disneyland

The Bitcoin List - Hotels

Reiseportale

hotelkatalog24.de Reisegutschein-Shop, erstes deutsches Reiseportal akzeptiert Bitcoin beim Reisegutschein-Kauf, auch stationär vor Ort www.fluege.com Linien-, Charter & Billigflüge mit Bitcoin bezahlen. Seit 1996 im Internet aktiv. Nutzt die Buchungsmaschine von Ypsilon.Net und bitpay.com als Zahlungs-Dienstleister.

Schutzhütten

Rojacherhütte (2.718 m), Rauris, AT

Gastronomie (nach Postleitzahl)
10967 Berlin-Kreuzberg

Fabelhaft Bar (info), fabelhafte Cocktails im internationalen Ambiente.
Primo Maggio (info), feinste hausgemachte italienische Küche.
room77 (info), Texanische Burger plus Jazz und Swing

47533 Kleve

Vlierhof, Bio-Bauernhof mit Mahlzeiten, Übernachtung und Seminarräume

Sichere deine Geldbörse

Einführung

Die Sicherheit der Geldbörse kann in zwei unabhängige Ziele geteilt werden:

1. Gegen Verlust sichern

2. Gegen Diebstahl sichern

Im Falle einer zur Zeit nicht angemessen gesicherten Geldbörse (z.B. mit schwachem Passwort im Internet hochgeladen):

3. Neue, sichere Geldbörse erstellen (mit einem angemessen langen Passwort)

Technischer Hintergrund

Die Börse besitzt einen Fundus an eingereihten Schlüsseln. Standardmäßig sind 100 Schlüssel im Key Pool. Die Größe dessen kann man mit dem "-keypool"-Parameter in der Befehlszeile einstellen. Wenn du aus irgendeinem Grund eine neue Adresse brauchst, wird diese nicht neu erstellt, sondern aus dem Fundus entnommen. Ein neuer Schlüssel wird erstellt, um den Fundus wieder auf 100 Schlüssel füllen zu können. Wenn als erstes ein Backup erstellt wird, enthält es die alten Schlüssel + 100 unbenutzte. Nach einer Transaktion hat es 99 unbenutzte. Nach 100 Aktionen, die einen neuen Schlüssel benötigen, werden Schlüssel benutzt, die nicht im Backup vorhanden sind. Da das Backup nicht die Schlüssel nach den 100 Stück besitzt, kann dieses Backup bei einer Wiederherstellung evtl. zu Verlust von Bitcoins führen.

Die Sicherheit von Guthaben hängt bei Bitcoin von drei Bedingungen ab:

    Die Vertraulichkeit (Geheimhaltung) der privaten Schlüssel für die gesamte Zeit von der ersten Erzeugung bis zur letzten Verwendung
    Die Integrität der Software auf dem benutzten System.

sowie dem Schutz der Geldbörse vor Verlust z.B. durch Versagen der Festplatte

Ein Computer, bei dem nicht sowohl Vertraulichkeit als auch Integrität sicher gestellt sind, ist kompromittiert. Das bedeutet, dass nicht mehr ausgeschlossen werden kann, dass Bitcoins gestohlen werden. Ein Computer, auf der Malware in Form von Trojanern installiert wurde, ist immer kompromittiert, da zum einen die Schlüssel "gestohlen" werden konnten und zum andern die Software auf dem Computer nicht mehr unter Kontrolle des Anwenders ist. Ein kompromittiertes System kann nur wieder in einen sicheren Zustand gebracht werden, indem es vollständig neu installiert wird und alle Sicherheitsupdates angewandt werden. Ein "Desinfizieren" von virenbefallenen Programmen reicht nicht aus!

Ein Passwort, das zu einer Datensicherung gehört, muss ebenso wie die Dateien selber dauerhaft vor Verlust geschützt werden, anderenfalls ist die Sicherung im Zweifelsfall wertlos.
Sichern der Vertraulichkeit und Integrität von Geldbörse und Software
Anlegen einer neuen Geldbörse

In dem Fall, dass die Geldbörse möglicherweise oder tatsächlich in einem kompromittierten Zustand gespeichert oder verbreitet wurde, ist es klug, eine neue Geldbörse anzulegen und alle Geldbeträge in der alten Geldbörse auf die neue zu übertragen. Nachdem dies geschehen ist, kann jemand, der Kenntnis der alten privaten Schlüssel erlangt hat, diese nicht mehr benutzen, um über Geldbeträge zu verfügen.

Das kann zum Beispiel sinnvoll sein, wenn jemand eine Geldbörse mit einem Passwort von 12 Zeichen bei einem Dienst online gespeichert hat. Inzwischen können Passwörter mit 12 bis zu ungefähr 15 Zeichen entschlüsselt werden und die privaten Schlüssel sind nicht mehr sicher. Die Geldbörse lediglich neu zu verschlüsseln, reicht nicht aus.
Anlegen eines sicheren und geschützten Bereichs

Komplexe und umfangreiche Programme wie zum Beispiel Webbrowser sind nie vollständig sicher. Deswegen ist es ausgesprochen sinnvoll, das Bitcoin Client Programm nicht mit der Benutzerkennung auszuführen, mit der man im WWW surft oder E-Mails liest. Die modernen Betriebssysteme können Programme für unterschiedliche Benutzerkennungen recht wirkungsvoll voneinander abschotten.

Exkurs: Sichere Passworte
Passwörter

Eine bewährte Methode zur Erzeugung von sicheren, aber mit etwas Lernaufwand merkbaren Passworten ist wie folgt:

Man denkt sich einen sinnlosen Satz aus wie

"Dreißig Dohlen fliegen rückwärts zum Mond, aber eine Fahrkarte haben sie nicht."

Je skurriler der Satz, desto besser kann man ihn sich merken.

Die Anfangsbuchstaben und Zahlen verwendet man für das Passwort:

30DfrzM,a1Fkhsn.

Nun wird man kreativ und ersetzt ein paar Zeichen, z.B. "A" sieht doch ähnlich aus wie "4":

30DfrzM-4lFkhsn;

Jetzt streut man noch ein paar Zeichen ein, die es auf englischen Tastaturen nicht gibt(Tipps):

3ß0þDförzM?-4lFkhsn;

Starke Passwörter sind heute, wo gewaltige Rechenkapazitäten verfügbar sind, etwa 15 bis 20 Zeichen lang. Die wenigsten Menschen können sich so lange Passwörter fehlerfrei merken, besonders wenn sie länger Urlaub machen. Deswegen schreibt man sich das Password auf und steckt es in seine Brieftasche.

Zum Schutz gegen unbefugte Verwendung hängt man noch einige Zeichen an, die man sich wirklich im Kopf merkt.

Nun ist es so, dass ein vergessenes Password mindestens so schlecht ist wie ein geknacktes. Einen Button "Passwort vergessen, neues per E-Mail zuschicken" gibt es bei Bitcoin nicht. Also folgt aus "Passwort weg" unweigerlich "Geld weg".

Das erhaltenen Passwort schreibt man deswegen auf, und bewahrt es z.B. in seinem Bankschließfach (Kosten 40 Euro / Jahr) oder in einem feuersicheren Tresor auf. Da ist es "ziemlich" sicher vor Datendieben.

Passphrasen (Passwortsätze)

Eine Alternative zu Passwörtern, die deutlich leichter zu merken ist, aber gegenüber Techniken wie dem Crackern mit Rainbow Tables genauso sicher ist die Verwendung von Passphrasen. Sichere Passphrasen für Dateien sollten aus mindestens sechs ungewöhnlichen Wörtern bestehen und mindestens 35 Zeichen Länge haben. Dieser Comic von XKCD erklärt das Prinzip.

Ein Beispielsatz wäre: "Die Zitrone flambierte dem Okapi eine phosphoreszierende Absolution."

Wesentlich für die Stärke dieser Methode sind technische Gründe: Sobald ein Password eine gewisse minimale Komplexität erreicht hat, ist die schnellste Methode, das Passwort zu knacken, eine Brute-Force-Suche mit Rainbow Tables und Tabellen. Und da bei dieser Methode die Länge des Passworts der ausschlaggebende Faktor ist, schlagen lange Passphrasen, die vergleichsweise viel besser zu merken sind, kurze sehr komplexe Passwörter.

Weitere Informationen zu Passphrasen finden sich auf der Webseite des Gnu Privacy Projekts.

Tiefergehende englischsprachige Informationen sind in der Passphrase FAQ von Randall T. Williams.

Vorsicht: Völlig ungeeignet sind fest stehende Ausdrücke und Redensarten.

Spezielle Linux-Distributionen

Ein Windows-System umfassend abzusichern, ist aufwendig und schwierig. Eine Absicherung, welche für die Verwaltung fünfstelliger Beträge angemessen ist, setzt Kenntnisse voraus, welche der durchschnittliche Anwender nicht hat.

Es gibt als Alternative einige spezielle Linux-Distributionen, welche einen eigens für Bitcoin angelegten gesicherten Bereich schaffen können und fast keine Einrichtung brauchen:

c't Bankix, eine für das Online-Banking angepasste, natürlich kostenlose Variante von Ubuntu, die vom renommierten deutschem Heise-Verlag erstellt wurde. Nach dem (wichtigem) Updaten wird das System schreibgeschützt und ist dann nicht mehr durch Austausch von Software manipulierbar.

Damn Small Linux ist ein beliebtes, kleines Debian-basiertes Linux, das nur die wichtigsten Funktionen enthält und somit weniger Angriffsflächen liefert. Die Ableitung von Debian garantiert zügige und gewissenhafte Sicherheits-Updates.

Knoppix ist eine populäre Live-CD Distribution mit hervorragender Hardware-Erkennung, welche einen etwas größeren Umfang als Damn Small Linux hat und z.B. Unterstützung für Blinde und Sehbehinderte bietet.

LinuxCoin, das viele Zusatzfunktionen z.B. zu den Minen bietet

Die folgenden Distributionen sind nur für Benutzer mit guten Kenntnissen geeignet, stellen aber aufgrund exzellenter Sicherheitsmerkmale interessante Ausgangspunkte für Bitcoin-Appliances dar:

Tin Hat Linux ist ein Hardened Gentoo-Derivat, das neben einer sehr geringen Größe und einer sehr umfassenden Verschlüsselung interessante zusätzliche Sicherheitsfunktionen bietet, wie beispielsweise Grsecurity.

Alpine Linux nutzt ähnlich wie Tin Hat Linux u.a. Kernelfunktionen mit Stack Smashing Protection und verwendet statt der gängigen glibc die uClibc, was bedeutet dass der Bitcoin-Client für diese Distribution eigens kompiliert werden muss.

Linux
Geschütztes Benutzerkonto

Der erste Schritt ist, einen neuen Benutzer anzulegen, das geht mit dem Kommando:

sudo adduser new_user_name

Auf die Meldung "Geben Sie einen neuen Wert an oder drücken Sie ENTER für den Standardwert" braucht man nur die Return Taste zu drücken.

Dann meldet man sich als der neue Benutzer an, z.B. mit "Benutzer wechseln" (bei Ubuntu unter dem Menü zum Abmelden). Wenn man angemeldet ist, sucht man die Dateiverwaltung, wählt in dieser das Home-Verzeichnis aus (Symbol mit dem Haus), dann mit der rechten Maustaste auf "Eigenschaften", dann die Zugriffsberechtigungen. Hier wählt man "Other" und setzt die Berechtigungen auf "niemand". Mit diesem Schritt können andere Programme anderer Benutzer die Geldbörse nicht mehr lesen.

Den neu angelegten sicheren Benutzer sollte man, um ihn auch sicher zu halten, ausschließlich für Bitcoin benutzen.

Es ist außerdem eine gute Idee, das Home-Verzeichnis dieses Benutzers zu verschlüsseln mit dem Programmpaket ecryptfs-utils.

Wenn das Home-Verzeichnis nicht leer ist, sollte zunächst ein Backup angelegt werden, indem der Inhalt auf eine CD oder einen Flash-Speicher kopiert wird.

Nun ecryptfs-utils installieren (für Ubuntu: sudo apt-get install ecryptfs-utils)

aus X11 (dem graphischen System) abmelden und mit Ctrl+Alt+F1 in der Linux-Konsole anmelden - wenn man unter X11 eingeloggt ist, kann das Home-Verzeichnis nicht verschlüsselt werden.

Das aktuelle Verzeichnis so wechseln, dass es nicht im Home-Ordner liegt, z.B. "cd /".

Das Migrations-Tool ausführen: (in Ubuntu: sudo ecryptfs-migrate-home -u username)

Wenn das geklappt hat, kann man nun ALT+F8 drücken um zurückzugehen und sich unter X11 einzuloggen.

Das Kommando 'ecryptfs-unwrap-passphrase' ausführen und unbedingt den Code, den man erhält, aufschreiben und auf einem sicheren Medium speichern. Ohne diesen Code kann man auf die Daten - einschließlich der Geldbörse - nicht zugreifen, wenn das System nicht funktioniert.

Das Kommando 'ecryptfs-setup-swap' ausführen, welches die Swap-Partition verschlüsselt. Sonst können Schlüssel aus der Geldbörse im Klartext auf die Swap-Partition gelangen, wo sie gestohlen werden könnten. Das bedeutet leider auch, dass "Ruhezustand" bzw. Hibernate nicht mehr benutzt werden kann, weil der Bootloader das Speicherabbild nicht wiederherstellen kann. Eine Alternataive ist es, die Swap-Partition beim Herunterfahren des Rechners (also nach der Deaktivierung des virtuellen Speichers) mit zufälligen Daten zu überschreiben.

(Anleitung aus [1])
Weitere Informationen

Artikel in easylinux zu Sicherheitsrisiken unter Linux

Überblick über Sicherheitsfunktionen in Ubuntu

Windows

Grundlagen

Einen extra Benutzer anlegen, unter dem nur die Bitcoin-Software ausgeführt wird. So ist die Geldbörse vor Schadcode in anderen Nutzerapplikationen etwas geschützt:
   Windows XP
   Windows 7

Empfehlungen zur Absicherung von Bitcoin-Clients unter Windows
Windows sicher für Heimbenutzer konfigurieren
   Microsoft Enhanced Mitigation Experience Toolkit (EMET) (https://support.microsoft.com/en-us/kb/2458544) konfigurieren (schützt vor vielen klassischen Exploits)
   Applikationsprogramme wie Flash, Acrobat, etc auf fehlende Updates prüfen (und im abgesicherten Benutzerkonto am besten gar nicht verwenden)

Browser-Sicherheit
Firefox

Um den Browser abzusichern, startet man Firefox, geht ins Menü "Edit" (Bearbeiten), und wählt "Preferences" (Einstellungen).

   Nun fängt man bei den Karteikarten links an, wählt unter "Startup" die Option "Show a Blank Page" (Leere Startseite).
   Unter "Content" (Inhalt),
      die Option "Load Images automatically / Bilder automatisch laden" abwählen,
      ebenso "Enable Javascript/Javascript aktivieren" abwählen.
   In der Karteikarte "Privacy/Datenschutz" im Menü "History / Verlaufsgeschichte" auswählen "Never remember history" / "keinen Verlauf speichern".
   In der Karteikarte "Security" im Abschnitt "Passwords"
      die Option "remember Passwords / Passwörter speichern" abwählen,
      ebenso "use a master password" / "Masterpasswort".
   Schließlich in der Karteikarte "Advanced" / "Erweitert" die Option

"Automatically check for updates" abwählen,
ebenso "Add-ons" und
"Search engines"/"Suchmaschinen" abwählen.

Wenn Javascript deaktiviert ist, wird die Seite linux download page zum Downloaden neuer Versionen des Bitcoin Clients nicht mehr automatisch einen Download starten, deswegen muss man auf den Link "direct link" beim Hinweis "Problems with the download? Please use this 'direct link' or try another mirror." klicken. Nachdem man sich die Mühe gemacht hat, überprüft man natürlich beim Herunterladen neuer Bitcoin Clients die Prüfsummen, die auf der Sourceforge Seite angegeben sind, mit dem Programm sha1.

Schutz vor Datenverlust: Backup

Die einzige Datei die man sichern muß, ist die wallet.dat. Vorher sichergehen, dass Bitcoin nicht mehr läuft! Am besten wäre es, die Datei zu verschlüsseln und irgendwo sicher zu verstauen.

Du kannst auch den backupwallet-JSON-RPC Befehl nutzten, um im laufenden Betrieb ein Backup zu erstellen.
Bitcoin-Ordner finden

Der Bitcoin-Ordner ist der Ordner, in dem sich die Daten mitsamt der Datei wallet.dat befinden.
Windows

Klicke auf "Start", dann auf Ausführen und gebe dies ein:

%APPDATA%\BitCoin

Ein Ordner sollte sich nun öffnen, für die meisten wäre es:

C:\Dokumente und Einstellungen\Benutzername\Anwendungsdaten\BitCoin (XP)
C:\Users\Benutzername\Appdata\Roaming\BitCoin (Vista und 7)

Linux

Bitcoin sollte einen versteckten Ordner im Home-Verzeichnis des ausführenden Benutzers erstellen.

~/.bitcoin/

Sollte es sich nicht dort befinden, kann man es evtl. durch

```
find / -name wallet.dat -print 2>/dev/null
```

finden. Oder als Root

```
updatedb
```

gefolgt von

```
locate wallet.dat
```

Die handlichste Backup-Methode unter Linux ist vermutlich, die wallet.dat auf eine bzw. mehrere dafür verwendete USB-Sticks bzw. Speicherkarten zu kopieren, die an einem sicheren Ort (feuersicherer Tresor, Banksafe, Aquarium mit Piranhas, etc) aufbewahrt werden.
Individuelle Verschlüsselung der wallet.dat

Zur individuellen Verschlüsselung der Geldbörse ist das plattformübergreifend verfügbare Programm ccrypt gut geeignet. Es verschlüsselt mit einer Variante des vom AES-Standard anerkannten Rijndael-Algorithmus, der als sehr sicher gilt. Die Klartext-Version der Wallet.dat wird dabei automatisch ersetzt. Wie bei allen starken Verschlüsselungen ist eine sorgfältige Sicherung von Daten und Schlüsseln dringend zu empfehlen - unter Linux ist das Verlustrisiko durch Vergessen der Schlüssel bisher viel höher als durch Rechnereinbrüche und Malware.

Zur automatischen Speicherung verschlüsselter Kopien ist GnuPG gut geeignet. Man braucht dabei zum Verschlüsseln nur den öffentlichen

Schlüssel, erst zum Entschlüsseln eines Backups wird der private Schlüssel gebraucht, den man sonst sicher im Safe aufbewahren kann. Das Verwenden eines festen Schlüsselpaares verringert die Gefahr eines Schlüsselverlustes durch unbemerkte Tippfehler bei der Eingabe.

Einen zusätzlichen Schutz gegen Angriffe mit Keyloggern bieten Smartcards und Hardware Tokens wie der Crypto Stick der German Privacy Foundation oder die Fellowship Smartcard. Der besondere Vorteil ist, dass man GnuPG-Schlüssel, die aufgrund ihrer Länge sehr sicher sind, auf der Smartcard speichern kann. Ein sechsstelliger PIN-Code schützt den Inhalt der Smartcard; wird er mehrfach falsch eingegeben, so wird der Inhalt unwiderruflich gelöscht. Anleitung hier.

Zusammen mit dem FUSE-Dateisystem EncFS lassen sich so auch einzelne Dateien wie die wallet.dat individuell sichern. Das gesamte Bitcoin-Verzeichnis kann allerdings wegen der verwendeten Datenbank nicht mit EncFS verschlüsselt werden.

Mac

Hinweis: die folgende Anleitung ist mangels Mac nicht vom Übersetzer überprüft. Bitte prüfen und gegebenenfalls korrigieren, dann Hinweis entfernen!

Das Bitcoin-Verzeichnis mit der wallet.dat befindet sich normalerweise hier:

~/Library/Application Support/Bitcoin/

Alle Daten sichern (500 Megabyte)

Mit diesen Schritten werden alle Daten von Bitcoin (Geldbörse und Block chain) auf ein verschlüsseltes Festplatten-Image gesichert:

> Disk Utility öffnen
> "New Image" anklicken, 500MB, 128-bit oder 256-bit (schneller oder sicherer) Verschlüsselung, eintelne Partition angeben.

An einem Platz kopieren, wo man das Image nicht verlieren wird (z.B. Wuala, Strongspace ofer was auch immer)
Ein starkes und sicheres Passwort wählen
Alles aus ~/Library/Application Support/Bitcoin/ in das Image kopieren
Symlink zum alten Platz anlegen, so dass die App es benuutzen kann

ln -s /Volumes/Bitcoin ~/Library/Application Support/Bitcoin

Nicht vergessen, das Image vor der Benutzung von Bitcoin zu mounten und nachher zu unmounten.
Backup der Geldbörsen-Datei wallet.dat alleine (40MB)

Diese Schritte sichern nur die Datei wallet.dat. Das bewirkt ein kleineres Speicherabbild, ist aber komplizierter.

Disk Utility öffnen
"New Image" anklicken, 40MB, 128-bit oder 256-bit, single partition wählen.
An einem Ort speichern, wo man das Backup nicht verlieren wird.
Ein sicheres und starkes Passwort wählen
Die Datei wallet.dat in das Image verschieben
Symlink zum alten Ort anlegen, so dass die App die Datei finden und benutzen kann

ln -s /Volumes/Bitcoin/wallet.dat ~/Library/Application Support/Bitcoin/wallet.dat

Datei:MountWalletAndLauchnBitcoin OSX Automator.png
Mount Wallet and launch Bitcoin

Nicht vergessen, das Image vor der Benutzung von Bitcoin zu mounten und nachher zu unmounten.

Achtung: Wenn man die Bitcoin applikation startet, ohne dass das Image gemounted ist, wird das Programm das Symlink (eine Art Shortcut) mit einer neuen wallet.dat überschreiben. Keine Panik! Benenne die neue wallet.dat um oder lösche sie, mounte das Image, und lege einfach ein neues Symlink an. Die alte wallet.dat darf natürlich auf keinen Fall gelöscht werden.

Automation: Mit dem Programm Automator (enthalten in OS X) kann man die Wallet automatisch mounten und die Bitcoin App starten.

Alternativ kann das folgende Shell-Skript benutzt werden, welches die wallet.dat automatisch entschlüsselt, den Bitcoin Client startet, und sie nachher wieder verschlüsselt. Das Skript funktioniert sowoghl for für OSX und Linux: bitcoin-launch-script

Allgemeine Lösung

wallet.dat ist normalerweise nicht verschlüsselt, jeder der Zugriff auf die Datei hat, kann über die Coins frei verfügen. Du kannst deine wallet.dat auch mit einem dieser Programme verschlüsseln, sollte es nur die kleinste Wahrscheinlichkeit geben, dass jemand anderes Zugriff hat.

Achtung: Verschlüsselung hilft nicht nachträglich und sie schützt auch nur höchst lückenhaft vor Malware!

- 7-Zip
- AxCrypt
- TrueCrypt
- WinRar
- EncFS (Linux)

Verschlüsselung mit Smart Card

Ordner können auch mit einer GnuPG-kompatiblen SmartCard verschlüsselt werden. Eine sehr sichere Lösung ist der Crypto Stick der German Privacy Foundation:

Überblick Crypto Stick

Intallation und Benutzung

Aufbewahren des Archives

Am einfachsten wäre es, das Archiv als Anhang einer E-Mail an sich selbst zu senden. Zudem kann man die wallet.dat innerhalb des Archivs noch in etwas unauffälliges umbenennen, genauso wie das Archiv selber.

Auch eine Sicherung auf Flash-Medien / Memory Sticks und eine Aufbewahrung an sicheren Orten ist eine sinnvolle Lösung.

Für erfahrene Benutzer kann auch Steganographie in Betracht kommen. Für Linux-Benutzer gibt es steghide.

BOTG: Bitcoin Off The Grid

Eine weitere Alternative, die für höchste Sicherheitsanforderungen geeignet ist, stellt "BOTG - Bitcoin Off-The-Grid" dar, Info in der Ankündigung zu LinuxCoin. Dabei handelt es sich um ein Skript, das ohne Internetverbindung ein Schlüsselpaar erzeugen kann. Da der Private Schlüssel auf einem System erzeugt wird, das gar keinen Internetanschluss hat, und er offline gespeichert wird, kann er auch nicht über Internet abhanden kommen. Der öffentliche Schlüssel kann weiter gegeben werden und ganz normal Transaktionen empfangen, welche im Block Explorer nachgeschaut werden können. Erst wenn man das Guthaben verwenden möchte, muss man den privaten Schlüssel in einen Bitcoin Client importieren. Ab dann gelten die normalen Sicherheitsvorkehrungen.

Sicheres Handeln

Ein Leitfaden für sicheres Handeln innerhalb der Bitcoin-Gemeinschaft.

Einleitung

Innerhalb der Bitcoin-Gemeinschaft sind viele sehr vorsichtig mit ihrem Sicherheits- und Identitätsmanagement. Die Hauptgründe hierfür sind:

Es gibt keine Bitcoin-Polizei und auch keine Gerichte, die Klagen wegen Bitcoin-Diebstahls anerkennen.
Ein guter Ruf ist die wichtigste Voraussetzung, um als glaubwürdig anerkannt zu werden. Die Händler sind sehr vorsichtig bei neuen Benutzern, die sich noch keine Reputation aufgebaut haben, schließlich könntest du auch der Betrüger von letzter Woche mit einer neuen Identität sein.

Die Bitcoin-Gemeinschaft verwendet ein paar Tools zum Schutz ihrer Privatsphäre und damit ihrer Identität. Grundlegend ist hier ein abgesicherter Computer. Secure Computer.

Bevor du fortfährst solltest du unbedingt den Artikel Sichern des Computers durchgelesen haben. Stelle sicher, dass dein Computer sowohl physisch als auch in der Software so sicher wie möglich ist.
Erstellung einer sicheren Identität

Der erste Schritt ist ein kryptographisch sicheres Public-Private-Schlüsselpaar zu erstellen. Dieses Schlüsselpaar ist Grundlage um die Geldbörse (siehe Sichern Ihrer Brieftasche) und Ihre Identität zu sichern.
Erstellen des ersten PGP-Schlüssel-Paars

Ein PGP-Schlüsselpaar hat zwei sehr wichtige Funktionen.

Die Möglichkeit, Informationen mit einer fälschungssicheren digitalen Unterschrift zu signieren.
Entschlüsseln von verschlüsselten Daten anderer Benutzer.

Dies ermöglicht sowohl geschäftlich Anonym zu bleiben (Verschlüsselung) und sorgt gleichzeitig dafür, dass Versprechungen klar bewiesen werden können (Unterschrift).
Microsoft Windows:

Installiere GPG4Win: http://www.gpg4win.org/

Diese Software enthält alle wichtigen Verwaltungs-und Generierungs-Tools für Microsoft Windows.

YouTube Anleitung

> Installation gpg4Win
> Mails verschlüsseln mit OpenGPG

Alle :

> Installiere Thunderbird: http://www.mozillamessaging.com/de/thunderbird/
> Importiere dein E-Mail-Konto in Thunderbird.
> Installiere das Plugin Enigmail für Thunderbird: https://addons.mozilla.org/de/thunderbird/addon/enigmail/

Beim Laden von Enigmail wird Thunderbird dich bitten, eine neue 'Identität' anzulegen. Der Einrichtungs-Assistent leitet dich durch alle nötigen Schritte
Sichere deinen privaten Schlüssel an einem sicheren Ort. Außerdem sollte ein Widerruf-Zertifikat erstellt werden. Dieses sollte ebenfalls sicher aufbewahrt werden.
Anmeldung auf [# Bitcoin-otc]

Folge der Anleitung: http://wiki.bitcoin-otc.com/wiki/Using_bitcoin-otc
Registriere dich mit dem gleichen Benutzernamen auf den beliebten Kommunikations- und Informationsplattformen:

> Bitcoin-Forum
> Bitcoin-Wiki
> [[Bitcoin: Community_portal # IRC_Chat | Freenode IRC]]

Dies ermöglicht es anderen Bitcoin-Benutzern, dich leicht auf allen Plattformen zu finden. Ebenfalls wird so Identitätsdiebstahl erschwert.

Verwende für jede Seite ein eigenes und genügend sicheres (mindestens zwölf Stellen, Sonderzeichen) Passwort!
Beste Praktiken für den Handel
Benutze den IRC-Channel #Bitcoin-OTC

 Achte darauf dass der Benutzer registriert ist.
 Fordere vor dem Handel eine signierte Nachricht mit dem Fingerabdruck von http://bitcoin-otc.com/viewgpg.php.
 Folge den zusätzlichen # Risk_of_fraud Empfehlungen zur Vermeidung von Betrug.

Mit signierten Nachrichten sicherstellen, dass beide Parteien die Bedingungen des Handels akzeptieren

 Empfange eine PGP signierte Nachricht des Handelpartners, die die Übereinkünfte enthält und prüfe die Signatur.
 Sende eine PGP unterzeichnete Empfangsbestätigung mit dem gleichen Inhalt.
 Das entspricht in der Realität einem Vertrag, der kopiert und von beiden Parteien unterzeichnet wird (ohne Einklagbarkeit bei deutschen Gerichten!).

Dies erlaubt einer Partei die Öffentlichkeit zu gehen, wenn die andere Partei sich nicht an absprachen hält und hält Ihren Handelspartner von der Behauptung ab, die Einzelheiten der Vereinbarung wären anders gewesen.

Suche im Forum Bitcoin den Benutzernamen der Person, mit der du Handel treiben willst. Prüfe, ob der Benutzer dort eine positive Reputation hat.
Mit einem Treuhandkonto

Der Handel wird über einen Treuhänder abgeschlossen, z.B. SecureCoin.

Mythen

Hier wird mit weitverbreiteten Missverständnissen aufgeräumt.

Inhaltsverzeichnis

Bitcoin ist nur eine weitere digitale Währung, nichts besonderes

Alle anderen virtuellen Währungen werden zentral gesteuert. Das bedeutet:

- Geldeinheiten können von den Aufsichtspersonen unbeschränkt erzeugt werden
- Geldeinheiten können durch einen Angriff auf die zentrale Verwaltungsstelle zerstört werden.
- Die Aufsichtspersonen können die Regeln willkürlich verändern

Der dezentrale Aufbau Bitcoins löst all diese Probleme.

Bitcoins lösen keine Probleme, die Fiatgeld und/oder Gold nicht lösen würden

Im Gegensatz zu Gold sind Bitcoins:

- leicht zu versenden und lagern
- leicht zu überprüfen und verifizieren

Im Gegensatz zu Fiatgeld sind Bitcoins:

- vorhersehbar und in ihrer Verfügbarkeit begrenzt
- nicht durch eine zentrale Autorität kontrolliert

Im Gegensatz zu elektronischem Fiatgeld sind Bitcoins:

- potentiell anonym
- nicht "einfrierbar"

Bitcoins sind wertlos, weil sie durch nichts gedeckt werden

Gold ist ebenfalls durch nichts gedeckt und sein Verkaufspreis übersteigt seinen Materialwert trotzdem um einiges. Bitcoins haben einen Wert dadurch, dass dieser ihnen durch eine große Zahl an Individuen zugeschrieben wird. Dieser Wert wird beim Tausch von Bitcoins in andere (staatlich anerkannte) Währungen deutlich.

Subjektive Bewertungsmethode
Bitcoins werden von CPU-Zyklen gedeckt

Bitcoins werden von CPU-Zyklen gedeckt

Wenn eine Währung von etwas "gedeckt" wird, bedeutet das, dass sie von einer zentralen Stelle an etwas anderes gebunden wird, mit einem bestimmten Tauschkurs. Man kann Bitcoins nicht in die "CPU-Zyklen" zurücktauschen, die für die Generierung benötigt wurden (davon abgesehen, dass die Anzahl der CPU-Zyklen pro Block vom Zufall abhängig ist). In diesem Sinne sind Bitcoins durch gar nichts gedeckt (wie auch die meisten heutigen Währungen), außer dem Vertrauen der Nutzer in die Kaufkraft. Genau wie Gold nur das Wert ist, was die Investoren zu zahlen bereit sind. Und ist Gold durch irgendetwas gedeckt? Nein, es ist schlicht und einfach Gold. Das gilt auch für Bitcoins.

Die Rechenleistung wird im Netzwerk dazu genutzt, dieses gegen mögliche Angriffe zu schützen, die Überweisungen zu bestätigen und die Geldmenge langsam zu erhöhen. Das der Miner, der die Lösung zu einem Block findet, die generierten BTC verdient dient als Ansporn und hilft, das Netzwerk aufrechtzuerhalten. Das ist alles.
Der Wert von Bitcoins beruht darauf, wieviel Elektrizität und Rechenleistung zu ihrer Erzeugung benötigt wurde

Diese Aussage ist ein Versuch, die Arbeitswerttheorie (die von den meisten Ökonomen abgelehnt wird) auf Bitcoins anzuwenden. Dass etwas mittels X Ressourcen hergestellt wird, heißt nicht, dass es am Ende auch X wert ist. Je nach seinem Nutzen kann es mehr oder weniger wert sein.

Tatsächlich verhält es sich andersherum (dies gilt ganz allgemein für die Arbeitswerttheorie). Die Kosten, Bitcoins zu erzeugen, hängen davon ab, wieviel sie wert sind. Wenn der Wert der Bitcoins steigt, werden auch mehr Menschen versuchen, welche zu erzeugen (weil dies profitabel ist); als Antwort darauf wird vom Netzwerk die Schwierigkeit erhöht, und damit wieder die Erzeugungskosten. Das Gegenteil geschieht, wenn der Wert der Bitcoins abnimmt. Diese Effekte gleichen sich gegenseitig aus, so dass die Erzeugungskosten immer etwa dem Wert der Bitcoins entsprechen.

Bitcoins haben keinen inneren Wert (anders als andere Dinge)

Es ist richtig, dass Bitcoins keinen inneren Wert haben, das heißt, Wert außerhalb des Bereichs, in dem sie als Tauschmittel verwendet werden.

Es gibt zwar Handelsgüter, die inneren Wert besitzen, doch ist dieser meist viel geringer als ihr Handelspreis. Zum Beispiel Gold: wenn Gold nicht als inflationssichere Anlage benutzt würde, sondern nur für industrielle Zwecke, wäre sein Preis sicherlich geringer, denn die industrielle Nachfrage nach Gold ist viel kleiner als die verfügbare Menge.

Historisch gesehen hat innerer Wert, gemeinsam mit anderen Eigenschaften wie Teilbarkeit, Handelbarkeit, Seltenheit und Haltbarkeit geholfen, gewisse Güter zu Tauschmitteln werden zu lassen. Aber dies ist keine Voraussetzung. Bitcoins haben zwar keinen "Inneren Wert" in dem Sinne, aber sie gleichen dies mehr als aus durch andere Qualitäten, die sie zu einem genauso guten (oder besseren) Tauschmittel wie Primitivgeld machen.

Der Wert wird letztlich dadurch bestimmt, was Menschen bereit sind dafür einzutauschen - durch Angebot und Nachfrage.

Bitcoins sind illegal, weil sie nicht Gesetzliches Zahlungsmittel sind

Kurze Antwort: Hühner sind auch kein gesetzliches Zahlungsmittel, aber Tauschhandel mit ihnen ist nicht illegal.

Es gibt einige Regionalgelder, die nicht von der Regierung gestütztes Zahlungsmittel sind. Eine Währung ist letztlich nicht mehr als eine bequeme Recheneinheit. Staatliche Bestimmungen variieren von Land zu Land, und Sie sollten sicherlich die Bestimmungen in Ihrem Land kennen, aber generell ist der Handel mit Besitztümern, inklusiv digitalen wie Bitcoin, Spielwährungen wie WoW-Gold oder Linden Dollars, nicht illegal.

Bitcoins sind eine Form von Terrorismus, weil sie die wirtschaftliche Stabilität und die Währung gefährden

Die Definition von Terrorismus setzt gewaltsame Akte voraus.

Bitcoins helfen bei der Steuerhinterziehung

Zahlungen in Bargeld sind genauso anonym und werden dennoch besteuert. Sie sollten den Gesetzen ihres Landes folgen, oder die Konsequenzen tragen.

Bitcoins können von jedem erstellt werden und sind darum wertlos

Bitcoins werden nicht einfach "erstellt". Stattdessen werden Blöcke von einem Bitcoin Miner berechnet, der für seine Mühen eine bestimmte Menge an Bitcoins + Transaktionsgebühren erhält. Siehe auch Blöcke für mehr Informationen über diesen Vorgang.

Bitcoins sind wertlos, weil sie auf ungeprüfter/unbewiesener Kryptographie beruhen

Die Algorithmen SHA256 und ECDSA, die von Bitcoin genutzt werden, sind bekannte Industriestandards. Wenn Sie glauben, diese Algorithmen seien nicht vertrauenswürdig, dann sollten Sie weder Bitcoin, noch Kreditkarten oder jeder anderen elektronischen Zahlung vertrauen.

Frühe Einsteiger werden ungerecht belohnt

Frühe Einsteiger werden für das höhere Risiko belohnt, das sie durch ihr finanzielles und zeitliches Engagement eingehen.

Pragmatischer ausgedrückt: was genau "fair" ist, darauf wird man sich wahrscheinlich innerhalb einer großen Bevölkerung nie einigen können. "Fairness" ist kein Ziel von Bitcoin, das wäre unmöglich.

Der größte Teil der 21 Millionen Bitcoins ist noch nicht verteilt. Indem Sie mit der Erzeugung beginnen oder Bitcoins erstehen, können auch Sie ein früher Einsteiger werden.
21 Millionen Coins sind nicht genug, das reicht nicht

Eine Bitcoin ist teilbar bis zu acht Dezimalstellen (teilbar durch 108). Es gibt tatsächlich 2.099.999.997.690.000 (etwas über 2 Billiarden) mögliche unteilbare Einheiten in Bitcoin. Der Wert "1 BTC" stellt 100.000.000 dieser Einheiten dar.

Wenn der Wert von 1 BTC zu groß wird, um für alltägliche Geschäfte sinnvoll zu sein, kann man anfangen, mit kleineren Einheiten zu rechnen, wie Millibitcoins (mBTC) oder Mikrobitcoins (µBTC).
Bitcoins werden in Brieftaschen-Dateien gespeichert, wenn man die kopiert hat man doppelt so viele Bitcoins!

Nein, Ihre Brieftasche enthält die privaten Schlüssel, die mit dem Recht verbunden sind, die entsprechenden Bitcoins auszugeben. Stellen Sie sich vor, sie würden ihre Kontozugangsdaten in einer Datei speichern. Wenn Sie ihre Zugangsdaten (oder die Bitcoin-Brieftasche) jemand anders geben, verdoppelt sich nicht das Geld auf dem Konto. Sie können das Geld ausgeben, oder der andere - aber nicht beide.
Verlorene Coins können nicht ersetzt werden, und das ist schlecht

Bitcoins lassen sich bis 0.00000001 teilen, daher ist das kein großes Problem. Wenn Sie ihre Bitcoins verlieren, gewinnen alle anderen ein klein wenig an Wert. Betrachten Sie es als Spende an alle anderen Bitcoinnutzer.

Eine ähnliche Frage ist: warum haben wir keinen Mechanismus, verlorene Bitcoins zu ersetzen? Die Antwort darauf ist, daß es unmöglich ist herauszufinden ob eine Bitcoin verloren ist, oder bei irgendjemandem sicher im Safe liegt.

Es ist ein Schneeballsystem

Bei einem Schneeballsystem versuchen die Gründer, Investoren davon überzeugen, dass sie profitieren werden.

Bitcoin garantiert nichts. Es gibt keine zentrale Instanz, nur Individuen, die eine Wirtschaft aufbauen.

Ein Schneeballsystem ist ein Nullsummenspiel. Frühe Einsteiger können nur zum Nachteil der Spätkommer profitieren. Bei Bitcoin ist es möglich, dass alle gewinnen. Früheinsteiger profitieren vom Wertgewinn. Spätkommer profitieren von einer stabilen und weithin akzeptierten P2P-Währung.

Nicht zu verwechseln mit dem Bitcoin Randomisier, einem Spiel, das als Schneeballsystem ausgelegt und deklariert ist.
Endlicher Mundvorrat plus verlorene Münzen führen zu einer Deflationsspirale

Wenn deflationäre Kräfte wirken, werden ökonomische Faktoren wie Hamstern von menschlichen Faktoren ausgeglichen, wodurch die Wahrscheinlichkeit einer Deflationsspirale verringert wird.
Bitcoin kann nicht funktionieren weil die Inflation nicht kontrolliert wird

Inflation ist einfach die Steigerung der Preise für Güter über die Zeit, was im Großen und Ganzen an der Entwertung einer Währung liegt. Das ist eine Funktion von Angebot und Nachfrage. Wenn man sich vor Augen hält, dass anders als bei normalem Geld die Versorgung mit neuen Bitcoins auf eine bestimmte Anzahl beschränkt ist, wäre der einzige Weg zur Inflation von Bitcoins der komplette Wegfall der Nachfrage. Vorübergehende Inflation ist möglich, wenn ein Mindestreservebanksystem schnell eingeführt wird, aber die Inflation wird sich stabilisieren, wenn 21 Millionen "harte" (also solche die wirklich da sind) Bitcoins als Reserve bei den Banken gehalten werden.

Weil Bitcoin als Währung ein verteiltes System darstellt wäre die Währung ohnehin zum Scheitern verurteilt, wenn keine Nachfrage mehr bestünde. Das System kann ohne Nachfrage nicht fortbestehen.

Der Knackpunkt ist, dass Bitcoin als Währung nicht von einer einzelnen Person oder Institution, wie z.B. ein Staat, zur Inflation geführt werden kann, weil es keine Möglichkeit gibt die Anzahl über eine bestimmte Menge heraus zu erhöhen.

Vielmehr ist das wahrscheinlichere Szenario, dass je mehr Bekanntheitsgrad Bitcoin erfährt, die Nachfrage steigt und somit die Währung im Wert steigt oder fällt bis die Nachfrage sich stabilisiert hat.
Die Bitcoin Community besteht aus Anarchisten, Verschwörungstheoretikern usw.

Auf einige mag das zutreffen, aber die Community besteht aus Leuten mit einer großen Vielfalt an Haltungen.
Jeder mit genug Rechenpower kann das Bitcoin Netzwerk übernehmen

Das stimmt im Prinzip, siehe Weaknesses.

Allerdings wird dies mit der Verbreitung und dem Wachstum des Bitcoin Netzwerks für eine einzelne Institution immer schwieriger. Bereits jetzt ist das Bitcoin Netzwerk von der Leistung her mit einigen der schnellsten Supercomputer gleichgestellt.

Was ein Angreifer machen kann, wenn er das Netzwerk übernommen hat ist allerdings nicht viel. Unter keinen Umständen kann ein Angreifer dadurch an das Geld von jedem Bitcoin Teilnehmer gelangen. Ein Angreifer mit Erfolg hat lediglich die Möglichkeit seine eigenen Zahlungen rückgängig zu machen, die er vor Sekunden oder wenigen Minuten getätigt hat und er kann dafür sorgen, dass die Transaktionen der anderen Teilnehmer nicht bestätigt werden, diese sich also nicht in neuen Blöcken manifestieren. Solch ein Angriff wäre extrem kostenintensiv und für die im Verhältnis gesehen magerer Vorteil, die dadurch erlangt werden können nicht ernsthaft lohnenswert.
Bitcoin verstößt gegen staatliche Regularien

Benenne die Verstöße, wenn du sie kennst. Bislang sind keine bekannt.
Ein Mindestreserve-Bankwesen ist nicht möglich

Es ist möglich. Es gibt keinen grundlegenden Unterschied zwischen klassischen Währungen und Bitcoin in Bezug auf das Bankwesen. Banken haben immer noch die Freiheit Bitcoins zu behalten und diese dem Kunden als "zum Abheben verfügbar" zu präsentieren während sie schon die meisten dieser Bitcoins an andere Kunden verleihen um Profit zu machen. Einige von diesen Bitcoins werden als Reserve im Falle eines Ansturms auf die Bank gehalten. Es bleibt der Bank überlassen einen ausreichenden Betrag dieser Reserven zu halten um einer Insolvenz vorzubeugen, wobei das in Deutschland und Europa zum Glück stark reguliert ist.

Conventional banks in the United States guarantee that account holders can withdraw 100% of their dollars based on their "word" and the fact that they are backed up by the FDIC. This program insures depositors up to a certain amount (currently $250K USD per depositor). The FDIC is widely known to have reserves sufficient to cover only a very small fraction of the total deposits it insures though the FDIC itself can be considered to be backed up by the US Congress in the event of its insolvency. After politically desired, the FDIC's role could be extended to insure Bitcoin banks and establish a minimum reserve requirement. Such a change would only happen after public outrage occurs after the inevitable collapse of major Bitcoin banks.

Because Fractional Reserve Banking is possible with bitcoins, the money supply of bitcoins (which includes demand deposits) can greatly exceed 21 million.
Kassengeschäfte mit Bitcoins sind nicht möglich, weil eine Transaktion 10 Minuten bis zur Bestätigung benötigt

Ja und auch wieder nein. Transaktionen können 10 Minuten in Anspruch nehmen um bestätigt zu werden und das wird sich in absehbarer Zukunft auch nicht ändern. Selbst wenn die Rechenleistung des Netzwerks um Potenzen größer wird als heute, passt sich die Schwierigkeit neue Blöcke zu generieren selbsttätig an um immer wieder das Ziel von etwa sechs Blöcken pro Stunde zu erreichen. Es gibt drei potentielle Lösungen um Kassengeschäfte zu ermöglichen:

1) Für kleine Transaktionen, wie z.B. der Besuch im Café, nimm einfach an, dass der Kunde dich nicht abziehen will. Gib ihm seine Latte sofort nachdem seine Transaktion unbestätigt im Netzwerk auftaucht. Die Transaktion wird im Netzwerk nahezu in Echtzeit verteilt, so dass der Verkäufer die Transaktion (ohne Bestätigungen) sofort in seiner Bitcoin-Wallet sieht. Der Aufwand für einen Double-Spend-Angriff ist bei solch kleinen Summen nicht gerechtfertigt.

2) Eine erweiterte Hörzeit (Extended listening Period) verwenden. Wenn ein Käufer versucht einem Double-Spend-Angriff zu starten, dann wird auch seine doppelte Transaktion im Netzwerk verteilt. Je länger gewartet wird umso mehr Nodes bemerkt die doppelte Transaktion und merken dies an. 10-30 Sekunden reichen aus um die Wahrscheinlichkeit einer unentdeckten Double-Spend-Attacke signifikant zu verringern.

3) Erstelle ein Netzwerk von Transaktionsknoten. Diese Einrichtungen unterhalten sich über eine vereinbarte API und stellen sich darüber quasi Ultra-Kurzzeitkredite aus um Sofort-Transaktionen zu ermöglichen. Stell dir vor, dass Alice Carol's Clearingstelle als ihren Transaktionsknoten benutzt und Bob benutzt Dave's anonyme Wechselstube. Sowohl Alice als auch Bob haben Zugangsdaten bei ihren entsprechenden Netzknoten und haben bereits einige Bitcoins dort deponiert (ähnlich wie bei verschiedenen Bankinstituten). Wenn Alice einen Latte von Bob an der Kasse kaufen möchte sagt Sie Carol: "Ich möchte x Bitcoins an Bob schicken. Er benutzt Dave's anonyme Wechselstube." Nachdem überprüft wurde ob Alice's account wenigstens x Bitcoins aufweise, sendet Carol eine Nachricht zu Dave: "Schreibe Bob's account sofort x Bitcoins gut. Ich sende die echten Bitcoins im nächsten Block." Bob sieht sofort wie sein Kontosaldo steigt und gibt Alice ihren Latte.

Wie immer ist Vertrauen nötig. Alice muss Carol trauen und die Netzknoten müssen einander vertrauen.
Nach 21 Millionen erzeugten Bitcoins wird keiner mehr neue Blöcke generieren

Wenn die Betriebskosten von der Belohnung für erzeugten Blocks nicht mehr gedeckt werden können, was irgendwann bevor die 21 Millionen erzeugt wurden passieren wird, werden die Miner Profit mit den Transaktionsgebühren machen.

Bitcoin besitzt keine Möglichkeit eine Überweisung rückgängig zu machen und das ist schlecht

Warum Leute glaube das sei schlecht: Rückabwicklungen sind in Grenzen dafür geeignet Betrug vorzubeugen. Die Verantwortung Betrug vorzubeugen liegt bei der Person, der Du dein Geld anvertraust. Wenn Du etwas bei eBay kaufst und der Verkäufer versendet die Ware nicht, dann holt sich PayPal das Geld vom Verkäufer zurück und gibt es Dir zurück. Dies stärkt die eBay-Community, weil die Leute merken, dass sich das Risiko in Grenzen hält und so eher dazu neigen sich etwas von riskanten Verkäufern zu kaufen.

Warum es aber eigentlich eine gute Sache ist: Bitcoin ist so designt, dass dein Geld ausschließlich nur deines allein ist. Rückabwicklungen zu ermöglichen impliziert, dass es für eine andere Partei möglich ist sich das Geld von Dir zurückzuholen. Man kann entweder absolutes Eigentum an seinem Geld haben oder Sicherheit gegen Missbrauch, aber nicht beides. Damit ist aber nicht ausgeschlossen, dass Dienste auf Bitcoin aufsetzen, die Missbrauchssicherheit geben. bitcoin.de ist zum Beispiel geeignet Bargeschäfte mit Bitcoins sicher abzuwickeln. Es gibt aber zahlreiche andere Dienstleister dafür. Siehe auch Treuhänder.

Der Standpunkt "Die Person, der Du dein Geld anvertraust hat die Verantwortung Missbrauch zu vermeiden" ist immer noch wahr; Die Entscheidung wird mit Bitcoin in deine eigenen Hände gelegt; Missbrauch wird immer existieren; Es bleibt dir überlassen Bitcoins nur an vertraute Einrichtungen zu schicken. Es ist möglich einer Onlineidentität zu vertrauen ohne jemals die physische Identität zu kennen. Siehe auch OTC Web of Trust.

Quantencomputer würden die Sicherheit von Bitcoin zunichtemachen

Ja, das stimmt vermutlich, aber Quantencomputer existieren noch nicht und werden Sie auch höchst wahrscheinlich für einige Zeit noch nicht.

Bitcoin's Sicherheitsalgorithmen können aktualisiert werden, wenn dies unumgänglich ist. Siehe auch upgraded.

Das Risiko von Quantencomputern besteht im Übrigen genauso für andere Finanzinstitute, wie Banken, weil diese bei ihren Transaktionen ebenso stark von Cryptography abhängig sind.

Bitcoin Mining ist eine Verschwendung von Energie und ökologisch ein ernstes Problem

Das ist nicht mehr und nicht weniger problematisch als das verschwenderische Schürfen von Gold aus dem Erdreich, es zu schmelzen, in Barrenform zu pressen und es anschließend wieder irgendwo unter der Erde zu lagern. Nicht zu erwähnen das Bauen der ganzen schönen, großen Gebäude, die Verschwendung der ganzen Energie bei Druck und Prägung der zahlreichen staatlichen Währungen, der Transport dieser in gepanzerten Autos bei denen nicht weniger als zwei Personen drinsitzen von denen jeder einzelne sicherlich wichtigere Aufgaben übernehmen könnte usw. usf. Da gibt es wirklich weitaus schlimmeres.

Wenn es um den Transfer geht ist Bitcoin im Vergleich zu anderen Währungen unschlagbar ökologisch.

Ladeninhaber können keine ernstzunehmenden Preise in Bitcoins angeben, weil die Wechselkurse zu stark schwanken

Das Argument impliziert, dass Bitcoins sofort nach der Transaktion verkauft werden müssten um laufende Ausgaben zu decken. Wenn die Ausgaben des Ladenbesitzers ebenso in Bitcoin bezahlt werden könnten, dann wäre das Umtausch in eine gewöhnliche Währung egal. Sobald Größe und Tiefe des Marktes wächst wird der Kurs außerdem weniger schwanken. Im Dezember 2012 ist der bereits relativ stabil.

Bis dahin handhaben es die meisten Händler derzeit so, dass sie sich den aktuellen Wechselkurs ziehen und anhand derer automatisch ihre Preise aktualisieren. Außerdem ist es möglich an andere mit einer Put Option seine Bitcoins mit einer festen Rate über eine vereinbarte Zeit zu verkaufen. So kann man sich vor Preisstürzen in der vereinbarten Zeit absichern.

Wie andere elektronische Tauschgüter sind Bitcoins ideal für Kriminelle und werden deswegen verboten werden

Man darf erwarten, dass Bitcoin bis zu einem Punkt wachsen wird an dem keine einzelne Organisation allein das Netzwerk mehr abschalten kann oder es besser sein wird Bitcoin zu unterstützen.

Wie Bargeld und Gold kann Bitcoin natürlich für kriminelle Zahlungen verwendet werden. Gold und Bargeld wurde aber bisher genauso wenig verboten, wie z.B. scharfe Küchenmesser. Mit denen lassen sich auch kriminelle Dinge veranstalten.

Bitcoin ist nicht dezentralisiert, weil der Entwickler das Verhalten der Software diktieren kann

Das Bitcoin-Protokoll wurde ursprünglich von Bitcoin's erfinder, Satoshi Nakamoto, definiert und dieses Protokoll wurde jetzt weiträumig als Standard von der Community von Minern und Benutzern akzeptiert.

Obwohl die Entwickler des offiziellen Bitcoin-Clients immer noch Einfluss auf die Bitcoin Community ausüben ist ihre Fähigkeit eigenmächtig das Protokoll zu manipulieren sehr stark eingeschränkt. Seit der Veröffentlichung von Bitcoin v0.3 gab es nur kleinere Änderungen am Protokoll, welche immer in Abstimmung und im Konsens mit der Community eingepflegt wurden.

Änderungen am Protokoll, wie z.B. das erhöhen der Blockbelohnung von 25 auf 100 BTC sind nicht kompatibel mit den bereits im Netzwerk laufenden Clients. Wenn die Entwickler einen Client veröffentlichen, den die Mehrheit von Minern als korrumpiert ansieht oder der die Projektziele verletzt, würde dieser Client sich einfach nicht durchsetzen und die wenigen Benutzer die ihn versuchen einzusetzen werden bemerken, dass ihre Transaktionen vom Netzwerk abgelehnt werden.

Neben dem "offiziellen" Bitcoin-Client gibt es andere Clients von anderen Entwicklergruppen. Solange diese Clients mit dem Bitcoin-Protokoll übereinstimmen ist es für die Entwickler des offiziellen Clients unmöglich sie von der Teilnahme am Netzwerk auszuschließen.

Die Liste von Kryptowährung gibt einen Überblick über die führenden Kryptowährung nach Marktkapitalisierung.

Die Website coinmarketcap.com listet derzeit 642 Kryptowährung mit einer Gesamtmarktkapitalisierung von ca. 14 Milliarden US-Dollar.

Stand: 1. Januar 2017

Rang	Währung	Symbol	Start	Mining	Marktkapitalisierung	Anteil	Emission	Größe
1	Bitcoin	BTC	2009	ja, SHA-256	15.479 Mio. US-Dollar	87,4 %	4,2 % p. a.	115 GB
2	Ethereum	ETH	2015	ja, Ethash	713 Mio. US-Dollar	4,0 %	13 % p. a.	66 GB
3	Ripple	XRP	2013	nein	236 Mio. US-Dollar	1,3 %	0,7 % p. a.	-
4	Litecoin	LTC	2011	ja, Scrypt	216 Mio. US-Dollar	1,2 %	10 % p. a.	7,1 GB
5	Monero	XMR	2014	ja, CryptoNight	188 Mio. US-Dollar	1,1 %	18 % p. a.	16 GB
6	Ethereum Classic	ETC	2016	ja, Ethash	123 Mio. US-Dollar	0,7 %	14 % p. a.	
7	Dash (ehem. Darkcoin)	DASH	2014	ja, X11	78 Mio. US-Dollar	0,4 %	11 % p. a.	1,1 GB
8	MaidSafeCoin	MAID	2014	nein	45 Mio. US-Dollar	0,3 %	< 0.1 % p. a.	
9	Augur	REP	2015	nein	42 Mio. US-Dollar	0,2 %	< 0.1 % p. a.	
10	Steem	STEEM	2016	ja	40 Mio. US-Dollar	0,2 %	52 % p. a.	
11	NEM	XEM	2015	nein	33 Mio. US-Dollar	0,2 %	< 0.1 % p. a.	
12	Iconomi	ICN			28 Mio. US-Dollar	0,2 %	< 0.1 % p. a.	

#	Name	Symbol	Jahr	Mining	Marktkapitalisierung	Anteil	Wachstum p.a.
13	Factom	FCT	2014	nein	26 Mio. US-Dollar	0,1 %	< 0.1 % p. a.
14	Waves	WAVES	2016	nein	25 Mio. US-Dollar	0,1 %	< 0.1 % p. a.
15	Dogecoin	DOGE	2013	ja, Scrypt 19 GB	24 Mio. US-Dollar	0,1 %	4,7 % p. a.
16	Stellar Lumens	XLM	2014	nein	17 Mio. US-Dollar	0,1 %	26 % p. a.
17	DigixDAO	DGD	2016	nein	17 Mio. US-Dollar	0,1 %	< 0.1 % p. a.
18	Zcash	ZEC			17 Mio. US-Dollar	0,1 %	888 % p. a.
19	Lisk	LSK	2016	nein	15 Mio. US-Dollar	0,1 %	21 % p. a.
20	E-Dinar Coin	EDR			14 Mio. US-Dollar	0,1 %	
21	GameCredits	GAME			12 Mio. US-Dollar	0,1 %	14 % p. a.
22	Ardor	ARDR	2016	nein	10 Mio. US-Dollar	0,1 %	< 0.1 % p. a.
23	BitShares	BTS			10 Mio. US-Dollar	0,1 %	0,5 % p. a.
24	Tether	USDT			10,0 Mio. US-Dollar	0,1 %	< 0.1 % p. a.
25	Swiscoin	SCN			9,9 Mio. US-Dollar	0,1 %	0,1 % p. a.
26	Gulden	NLG	2016	signifikant vorerzeugt	9,0 Mio. US-Dollar	0,1 %	5,6 % p. a.
27	Bytecoin	BCN	2012	ja, CryptoNight	9,0 Mio. US-Dollar	0,1 %	1,3 % p. a.
28	ShadowCash	SDC			8,3 Mio. US-Dollar	0,0 %	1,9 % p. a.
29	Xaurum	XAUR			7,9 Mio. US-Dollar	0,0 %	< 0.1 % p. a.
30	AntShares	ANS			7,3 Mio. US-Dollar	0,0 %	< 0.1 % p. a.

31	Stratis	STRAT			7,1 Mio. US-Dollar	0,0 %	0,5 % p. a.
32	Emercoin	EMC			6,6 Mio. US-Dollar	0,0 %	5,4 % p. a.
33	Golem Network Tokens	GNT			6,6 Mio. US-Dollar	0,0 %	< 0.1 % p. a.
34	Storjcoin X	SJCX			6,5 Mio. US-Dollar	0,0 %	< 0.1 % p. a.
35	SingularDTV	SNGLS			6,3 Mio. US-Dollar	0,0 %	< 0.1 % p. a.
36	LoMoCoin	LMC			6,0 Mio. US-Dollar	0,0 %	< 0.1 % p. a.
37	Nxt	NXT	2013	nein	6,0 Mio. US-Dollar	0,0 %	< 0.1 % p. a.
38	I/O Coin	IOC			6,0 Mio. US-Dollar	0,0 %	0,4 % p. a.
39	Peercoin	PPC	2012	ja, SHA-256 0,6 GB	5,5 Mio. US-Dollar	0,0 %	4,5 % p. a.
40	Agoras Tokens	AGRS			5,4 Mio. US-Dollar	0,0 %	< 0.1 % p. a.
41	Bitcrystals	BCY			5,2 Mio. US-Dollar	0,0 %	< 0.1 % p. a.
42	Siacoin	SC			5,1 Mio. US-Dollar	0,0 %	54 % p. a.
43	Rubycoin	RBY			5,0 Mio. US-Dollar	0,0 %	5,4 % p. a.
44	SysCoin	SYS			4,9 Mio. US-Dollar	0,0 %	153 % p. a.
45	YbCoin	YBC			4,7 Mio. US-Dollar	0,0 %	0,8 % p. a.
46	Counterparty	XCP			4,5 Mio. US-Dollar	0,0 %	< 0.1 % p. a.
47	BitcoinDark	BTCD			4,4 Mio. US-Dollar	0,0 %	< 0.1 % p. a.
48	Global Currency Reserve	GCR			3,5 Mio. US-Dollar	0,0 %	2,3 % p. a.

#	Name	Symbol	Jahr	Mining	Marktkapitalisierung		
49	Namecoin	NMC	2011	ja, SHA-256, 4,7 GB	3,4 Mio. US-Dollar	0,0 %	< 0.1 % p. a.
50	Synereo	AMP			3,3 Mio. US-Dollar	0,0 %	< 0.1 % p. a.
51	PotCoin	POT			3,3 Mio. US-Dollar	0,0 %	2,6 % p. a.
52	Gridcoin	GRC	2013		2,9 Mio. US-Dollar	0,0 %	3,3 % p. a.
53	SolarCoin	SLR			2,8 Mio. US-Dollar	0,0 %	0,8 % p. a.
54	vSlice	VSL			2,8 Mio. US-Dollar	0,0 %	
55	Yocoin	YOC			2,7 Mio. US-Dollar	0,0 %	593 % p. a.
56	NAV Coin	NAV			2,4 Mio. US-Dollar	0,0 %	2,6 % p. a.
57	BlackCoin	BLK			2,1 Mio. US-Dollar	0,0 %	0,9 % p. a.
58	DigiByte	DGB			2,0 Mio. US-Dollar	0,0 %	26 % p. a.
59	Clams	CLAM			1,8 Mio. US-Dollar	0,0 %	26 % p. a.
60	FairCoin	FAIR			1,7 Mio. US-Dollar	0,0 %	1,1 % p. a.
61	Decred	DCR			1,6 Mio. US-Dollar	0,0 %	81 % p. a.
62	SuperNET	UNITY			1,6 Mio. US-Dollar	0,0 %	< 0.1 % p. a.
63	Omni (ehem. Mastercoin)	OMNI	2013		1,6 Mio. US-Dollar	0,0 %	87 % p. a.
64	FedoraCoin	TIPS			1,6 Mio. US-Dollar	0,0 %	< 0.1 % p. a.
65	Scotcoin	SCOT			1,6 Mio. US-Dollar	0,0 %	< 0.1 % p. a.
66	Lykke	LKK			1,5 Mio. US-Dollar	0,0 %	< 0.1 % p. a.

#	Name	Symbol	Market Cap	Inflation
67	Byteball	GBYTE	1,4 Mio. US-Dollar	0,0 %
68	SARCoin	SAR	1,4 Mio. US-Dollar	0,0 % 0,5 % p. a.
69	VPNCoin	VPN	1,4 Mio. US-Dollar	0,0 % < 0.1 % p. a.
70	Round	ROUND	1,4 Mio. US-Dollar	0,0 % < 0.1 % p. a.
71	Nexium	NXC	1,3 Mio. US-Dollar	0,0 %
72	Aeon	AEON	1,3 Mio. US-Dollar	0,0 % 20 % p. a.
73	Steem Dollars	SBD	1,2 Mio. US-Dollar	0,0 % < 0.1 % p. a.
74	SIBCoin	SIB	1,2 Mio. US-Dollar	0,0 % 33 % p. a.
75	Nexus	NXS	1,2 Mio. US-Dollar	0,0 % 25 % p. a.
76	FuelCoin	FC	1,2 Mio. US-Dollar	0,0 % 0,5 % p. a.
77	Auroracoin	AUR	1,2 Mio. US-Dollar	0,0 % < 0.1 % p. a. 1,2 GB
78	Vertcoin	VTC	1,1 Mio. US-Dollar	0,0 % 33 % p. a. 1,8 GB
79	Hacker Gold	HKG	1,1 Mio. US-Dollar	0,0 %
80	Veros	VRS	1,1 Mio. US-Dollar	0,0 %
81	MonaCoin	MONA	1,0 Mio. US-Dollar	0,0 % 39 % p. a.
82	EarthCoin	EAC	1,0 Mio. US-Dollar	0,0 % < 0.1 % p. a.
83	BitBay	BAY	0,9 Mio. US-Dollar	0,0 % 0,5 % p. a.
84	Expanse	EXP	0,9 Mio. US-Dollar	0,0 % 78 % p. a.

85	CureCoin	CURE		0,9 Mio. US-Dollar	0,0 %	< 0.1 % p. a.
86	Mintcoin	MINT		0,9 Mio. US-Dollar	0,0 %	2,8 % p. a.
87	Radium	RADS		0,9 Mio. US-Dollar	0,0 %	16 % p. a.
88	CloakCoin	CLOAK		0,9 Mio. US-Dollar	0,0 %	4,3 % p. a.
89	Burst	BURST		0,9 Mio. US-Dollar	0,0 %	19 % p. a.
90	Primecoin	XPM	2013 ja	0,9 Mio. US-Dollar	0,0 %	27 % p. a.
91	HiCoin	XHI		0,9 Mio. US-Dollar	0,0 %	126 % p. a.
92	Feathercoin	FTC		0,9 Mio. US-Dollar	0,0 %	28 % p. a. 2,0 GB
93	Novacoin	NVC		0,8 Mio. US-Dollar	0,0 %	21 % p. a. 0,4 GB
94	NautilusCoin	NAUT		0,8 Mio. US-Dollar	0,0 %	< 0.1 % p. a.
95	Viacoin	VIA		0,8 Mio. US-Dollar	0,0 %	7,4 % p. a.
96	Boolberry	BBR		0,8 Mio. US-Dollar	0,0 %	28 % p. a.
97	NuBits	USNBT		0,8 Mio. US-Dollar	0,0 %	< 0.1 % p. a.
98	Qora	QORA		0,8 Mio. US-Dollar	0,0 %	< 0.1 % p. a.
99	Quark	QRK		0,7 Mio. US-Dollar	0,0 %	< 0.1 % p. a.
100	VeriCoin	VRC		0,7 Mio. US-Dollar	0,0 %	1,6 % p. a.

Ethereum ist ein verteiltes System, das eine Plattform zum Ausführen von Smart Contracts bietet, und auf einer eigenen öffentlichen Blockchain basiert Ethereum verwendet die Kryptowährung Ether als Bezahlsystem für die Bezahlung der Teilnehmer des verteilten Systems, welche die Rechenleistung bereitstellen.

Geschichte

Ethereum wurde ursprünglich Ende 2013 von Vitalik Buterin allgemein beschrieben und Anfang 2014 von Gavin Wood im sogenannten „yellow paper" formalisiert beschrieben. Im Juli 2015 wurde der Betrieb von Ethereum gestartet. Nur 7 Monate später, am 29. Februar 2016, hatte die in Ethereum verwendete Kryptowährung Ether eine Marktkapitalisierung von über 500 Millionen US-Dollar. Weitere zwei Wochen später, am 12. März 2016, hatte sich diese bereits verdoppelt und Ether konnte eine Marktkapitalisierung von über einer Milliarde Dollar verzeichnen. Die Entwicklung wird von der Ethereum Fundation geleitet, einer schweizerischen Non-profit-Stiftung.

Entwicklungsphasen

Im Juli 2015 wurde die Ethereum Beta – Ethereum Frontier – veröffentlicht. Ethereum Frontier war das Grundgerüst für Ethereum und die Hauptfunktionen bestanden in der Implementierung eines Proof-of-Work-Algorithmus und verteilen ausgeführten Programmen, sog. Smart Contracts. Im März 2016 wechselten die Entwickler von der Frontierphase zu dem nächsten Zwischenziel: Homestead. Homestead sorgte vor allem dafür, dass die Nutzung von Ethereum sicherer wird, da Fehler behoben wurden. Die weiteren Hauptziele der Ethereum Entwickler sind Metropolis und Serenity. Im Zwischenziel Metropolis sollen Anwendungen für den Endverbraucher und somit eine "Mainstream-Phase" entstehen. Das Endziel Serenity sorgt für den Wechsel vom Proof-of-Work-Algorithmus zu einem Proof-of-Stake-Algorithmus.

Technik

Ethereum basiert wie auch Bitcoin auf der Blockchain-Technologie. Im Unterschied zu Bitcoin ist Ethereum jedoch keine reine Kryptowährung, sondern eine Plattform für sogenannte Dapps (Distributed Apps) die aus Smart Contracts bestehen. Für Smart Contracts gibt es eine Vielzahl von Anwendungen, unter anderem E-Voting Systeme, virtuelle Organisationen, Identity-Management und Crowdfunding.

Ethereum ist ein Verteiltes System, dessen Teilnehmer (Ethereum Accounts oder Contracts) das Ethereum Peer-to-Peer Netzwerk nutzen um Daten ohne einen zentralen Server auszutauschen. Alle Teilnehmer arbeiten mit einer gemeinsamen Datenbasis: der Ethereum-Blockchain. Um teilzunehmen, bedarf es eines Ethereum-Clients, welcher vor der Verwendung mit dem Netzwerk synchronisiert, also jede seit der letzten Synchronisation in der Blockchain dokumentierte Transaktion herunterlädt und überprüft. Für die initiale Synchronisation gibt es bei einigen Clients einen Schnellmodus, bei dem nicht die komplette Blockchain heruntergeladen werden muss. Als Wallets dienen Ethereum Wallet, Mist, MyEtherWallet und Parity. Sogenannte „Light Clients" ermöglichen es, mit wenig Kapazitäten den Status eines Teils der gesamten

Ethereum-Plattform zu überwachen oder einzelne Transaktionen zu verifizieren. Diese sind jedoch derzeit noch in der Entwicklung (Stand: Oktober 2016).

Finanzierung

Finanziert wurden die Kosten der Entwicklung von einer Ethereum-Bitcoin-Crowdfunding-Kampagne, in der die ersten erzeugten Ether gegen Bitcoin verkauft wurden, wobei insgesamt über 18 Millionen US-Dollar zusammenkamen. Die Marktkapitalisierung beträgt derzeit (Stand: Oktober 2016) rund 1,12 Milliarden US-Dollar. Damit ist Ether die Kryptowährung mit der zweitgrößten Marktkapitalisierung nach Bitcoin.

The DAO

The DAO ist eine sogenannte „dezentrale autonome Organisation" (aus englisch ‚Decentralized Autonomous Organisation', abgekürzt „DAO"), die durch einen Smart Contracts in der Ethereum-Blockchain implementiert wurde. Sie wurde von der Firma Slock.it entwickelt und in einem sogenannten Whitepaper veröffentlicht. Grob zusammengefasst besteht die Aufgabe von The DAO darin, Ether (die Standard-Kryptowährung in Ethereum) durch Verkauf von Stimmberechtigungsanteilen einzunehmen, ein Entscheidungsgremium über die Verwendung des gesammelten Ethers abzuhalten und entsprechend das gesammelte Ether zu Überweisen. Es handelt sich also um eine autonome und automatisierte Investmentfirma. The DAO wurde im April 2016 in die Blockchain hochgeladen und durchlief ein Crowdfunding bis zum 28. Mai 2016 (gekauft wurde mit der Kryptowährung Ether). The-DAO-Token, welche zur Stimmabgabe für die in The DAO getroffene Entscheidungen berechtigen, können auf diversen Kryptobörsen gehandelt werden.

Eine sog. DAO ist eine Organisation, dessen Managementstruktur und -regeln digital und unveränderbar durch einen Smart Contracts festgeschrieben werden, diese dezentral (hier durch das Ethereum-Netzwerk) ausgeführt werden und daher ohne konventionelle Entscheidungsgremien wie einem Vorstand auskommt.

Am 17. Juni 2016 hat ein Unbekannter durch einen Fehler im Smart Contracts von The DAO 3,6 Millionen Ether unbrauchbar gemacht. Diese waren zum damaligen Zeitpunkt mehr als 65 Millionen Euro wert. Eine harte Abspaltung (englisch ‚hard fork'), welcher den Angriff rückgängig macht, war in der Community sehr umstritten, wurde dann aber in einer Abstimmung beschlossen. Durch diese harte Abspaltung wurde der angreifenden DAO des Ethers entzogen, daraus entstanden zwei Blockchain, von denen die ursprüngliche als Ethereum Classic (ETC) weitergeführt wird. Die Ethereum Fundation hat anhand versch. Metriken und der Abstimmung der Community entschieden, ihre Entwicklungstätigkeit nur auf die abgespaltene (oder geforkte) Hauptblockchain (weiterhin Ethereum genannt) zu beschränken und sich nicht mit

Ethereum Classic zu beschäftigen. Somit ist der Ableger Ethereum Classic für das Projekt Ethereum nicht mehr von Bedeutung. Gemessen an der Marktkapitalisierung ist ETC mehr als 10-mal kleiner als Ethereum. Die entsprechende Kryptowährung von Ethereum Classic wird dennoch an verschiedenen Kryptobörsen gehandelt.

Implementierungen

Es gibt mehrere Implementierungen von Ethereum-Clients:

Geth, entwickelt in Go
Parity, entwickelt in Rust
Eth, entwickelt in C++
Ethereum J, entwickelt in Java
pyethapp, entwickelt in Python
ethereumjs, entwickelt in JavaScript
ethereumH, entwickelt in Haskell
ruby-ethereum, entwickelt in Ruby

Bitcoin in Wikipedia https://de.wikipedia.org/wiki/Bitcoin – ein umfassender Artikel über Bitcoin in der deutschen Wikipedia, in dem auch auf die fortgeschrittenen Aspekte eingegangen wird.

**Bei Fragen rufen Sie uns gerne unter
+49 0151 -28819500**